Presentado a

....

En

....

Fecha

....

Fe como
un
GRANO DE
MOSTAZA

Fe como un GRANO DE MOSTAZA

Devociones y oraciones *para* mujeres

CAREY SCOTT

BARBOUR
ESPAÑOL
Un Sello de Barbour Publishing

ISBN 979-8-89151-130-9

Título en inglés: *A Mustard Seed Faith*

Publicado por Barbour Español, un sello de Barbour Publishing, Inc., 1810 Barbour Drive, Uhrichsville, Ohio 44683, www.barbourbooks.com

Desarrollo editorial: Semantics, Inc. Semantics01@comcast.net

Nuestra misión es inspirar al mundo con el mensaje de la Biblia que cambia vidas.

Impreso en China.

UNA FE PEQUEÑA QUE MUEVE MONTAÑAS

—Por la poca fe que tienen —respondió—. Les aseguro que si tuvieran fe tan pequeña como una semilla de mostaza, podrían decirle a esta montaña: «Trasládate de aquí para allá» y se trasladaría. Para ustedes nada sería imposible.

MATEO 17.20 NVI

La fe potencia nuestra relación con Dios, pero a menudo pensamos que tenemos tan poca que no importa. Nos comparamos con los demás y sentimos que nuestra fe tan pequeña no vale nada. Pero Dios sabía que necesitaríamos ser animadas a creer que el tamaño de nuestra fe es suficiente. Y Él promete que el tiempo que pasemos con Él la hará crecer aún más, hará que sus raíces sean más profundas en nuestro corazón.

En este libro, mujeres de todas las edades encontrarán el aliento que tanto necesitan para amar a Jesús llenas de fe. Este bello devocional ofrece la inspiración y la verdad bíblica que necesitan para hacer más profunda su confianza en Él. Al recorrer estas 180 lecturas devocionales, las mujeres encontrarán temas importantes para su corazón, como la fidelidad de Dios, el amor de Dios, el temor, la inseguridad, la incertidumbre, el sentimiento de no ser digna, la ansiedad, la duda, la confianza, la sabiduría, la oración y mucho más. Al terminar, la lectora apreciará más el poder y el potencial de la fe en su vida.

EL PODER DEL «SI»

Jesús les respondió:
—Les digo la verdad: si ustedes tienen fe y no dudan, no solamente serán capaces de hacer lo que yo hice con la higuera. Es más, podrán decirle a esta montaña: «Levántate y lánzate al mar» y así sucederá. Si ustedes creen, recibirán todo lo que pidan en oración.
MATEO 21.21-22 PDT

Es un concepto poderoso. No dejes de prestar atención a los «si» en las palabras de Jesús. Te anima a orar con plenitud de fe y te alienta a desechar la duda. El Señor te está dando el poder de beneficiarte de la capacidad de Dios para darte lo que necesitas en cada momento. *Si* decides creer en la promesa del Señor y admitir su autoridad en tu situación, y *si* ordenas en su nombre, tu fe tiene la capacidad de cambiar las cosas.

Ora con fervor cuando necesites la ayuda de Dios, y luego decide creer que Dios te escucha y se hará presente. ¿Por qué? Porque tu fe le importa al Padre, y Él te bendecirá por ello.

Padre, sé que tengo la opción de activar o no mi fe en ti. Sé que puedo intentar arreglar las cosas por mi cuenta o confiar en ti. Por favor, aumenta mi fe en el poder del «si» creyendo que me permite ser bendecida con tu fuerza y tu poder. En el nombre de Jesús te lo pido, amén.

¿ESTÁS ESCUCHANDO?

Así pues, la fe nace al oír el mensaje, y el mensaje viene de la palabra de Cristo.
Romanos 10.17 DHH

A veces parece que estamos demasiado ocupadas para escuchar la voz de Dios. Miramos nuestra lista de tareas pendientes, nos ponemos manos a la obra y seguimos adelante. Nos distraemos pensando en la pelea con nuestro marido de esta mañana, en los niños lloriqueando en el asiento de atrás o en el jefe que se cree que somos *superwoman*. Damos vueltas en nuestra cabeza a las palabras ofensivas, nos atoramos volviendo a pensar en las injusticias, o elaboramos estrategias de venganza en lugar de pedir al Señor que hable en nuestra situación.

Para confiar en la intervención de Dios, tienes que escuchar sus promesas. Tienes que escuchar los recordatorios de que Él te ama y siempre está ahí para ti. Debes recitar los versículos que Él ha puesto en tu corazón. Amiga, necesitas una inyección de refuerzo de su fidelidad antes de que te sientas cómoda quitando tus manos del volante para dejarlo tomar el asiento del conductor. En medio de tu caos, ¿estás escuchando a Dios?

Padre, confieso que a veces estoy demasiado ocupada para incluirte en mis luchas cotidianas. Perdóname por tratar de llevar mi vida sola. A partir de hoy, prometo poner intención en escuchar tu voz y recordar tu Palabra como oportunidades para edificar mi fe. En el nombre de Jesús, amén.

DEJA TUS RESERVAS

Porque a Dios no le gusta que no confiemos en él.
Para ser amigos de Dios, hay que creer que él existe y
que sabe premiar a los que buscan su amistad.
Hebreos 11.6 TLA

Cuando tienes una relación con alguien, quieres hacerle feliz. Quieres conocerlo —lo que le preocupa y lo que le hace feliz— para comprenderlo mejor. Es importante pasar tiempo con esa persona para estrechar lazos. Empiezas a confiar en él, y él en ti. Estos pasos son vitales para establecer una conexión sana con alguien que te importa, ¿verdad?

Recuerda que también es indispensable invertir tu tiempo y confianza en el Señor. Esa relación es la que te capacita para vivir una vida llena de fe. Y sin una fe fuerte en Dios, es imposible agradarle. Cuando tienes reservas en cuanto a tu relación con el Señor, eso te impide profundizar más en tu relación con Él. Pero cuando abrazas tu fe y confías en Dios —buscándolo cada día— eres bendecida de innumerables maneras que ni imaginas.

Padre, solo quiero que sepas que estoy aquí. He dejado mis reservas de una vez por todas. Y voy a invertir sin medida en nuestra relación porque quiero hacerte feliz. Quiero conocerte mejor. Porque sé que cuando pongo el foco en crecer contigo, la vida estará llena de cosas bellas. En el nombre de Jesús, amén.

TU ASIDERO

Tener fe es tener la plena seguridad de recibir lo que se espera; es estar convencidos de la realidad de cosas que no vemos. Nuestros antepasados fueron aprobados porque tuvieron fe.

Hebreos 11.1-2 dhh

Que tu fe sea la base firme de tu vida. Que sea lo que te sostenga cuando estés cansada. Que sea a lo que te aferras cuando la vida es como un tornado. Que la fe sea la razón de la paz que sientes en medio del caos. Que sea la razón por la que no te rindes ni te das por vencida cuando todo parece desmoronarse. Que la fe sea lo que te impulse a volver a levantarte y a intentarlo de nuevo. Y que sea el asidero al que te agarras cuando necesites desesperadamente esperanza y ayuda.

A veces es difícil caminar con fe. Hay que tener agallas para elegirla en lugar del temor. Y el mundo te anima a confiar en ti misma o en los demás y no en el Señor. Pero amiga, confiar en Dios es lo que hace que la vida merezca la pena, porque una recibe vida al acercarse a su Creador. La fe es tu asidero. ¡Agárrate a ella!

Padre, sé que estar llena de fe es difícil a veces. Demasiadas veces creo que yo puedo resolverlo todo. Pero quiero que tú seas mi firme fundamento y el asidero al que decida aferrarme cada día. En el nombre de Jesús, amén.

ES TU FE COMO UN GRANO DE MOSTAZA

Dios los salvó por su gracia cuando creyeron. Ustedes no tienen ningún mérito en eso; es un regalo de Dios. La salvación no es un premio por las cosas buenas que hayamos hecho, así que ninguno de nosotros puede jactarse de ser salvo.

Efesios 2.8-9 NTV

¡Qué maravilloso recordatorio de que es tu fe —en el Señor— lo que te asegura un lugar en el cielo! Sinceramente, debería ser un gran alivio saber que no tienes que cumplir ciertas normas ni cumplir con una lista de logros. No se te exige actuar de una determinada manera, recitar palabras mágicas ni hacer rituales sagrados para entrar. Tu eternidad no estaba garantizada por nada que hicieras para ganártela. En cambio, deléitate en la preciosa verdad de que has sido salvada gracias a la gracia de Dios. Es tu grano de mostaza de fe en acción lo que hace posible una vida eterna con Dios.

Ten cuidado de no presumir de tus obras diciendo que te has ganado un puesto junto al Todopoderoso. En cambio, agradécele humildemente que te ame tanto como para hacer que la eternidad sea tu recompensa por el simple hecho de creer.

Padre, estoy muy contenta de que no esperes que mis acciones me aseguren el cielo. Eso sería terrible. Aunque sé que mi eternidad está decidida, ayúdame a vivir una vida digna de ti. Dame valor para ser valiente en mi fe. En el nombre de Jesús, amén.

JUNTA UN POCO DE FE

¡Para Dios nada es imposible!
LUCAS 1.37 PDT

Se necesita una fuerte determinación para creer el versículo de hoy. Cuando nuestro matrimonio se desmorona y no vemos el camino de la reconciliación, tenemos que aferrarnos a esta verdad. Tenemos que mantenernos firmes cuando nuestros hijos toman decisiones que no se ajustan a lo que sabemos de ellos. Tenemos que hacer de tripas corazón cuando el diagnóstico es negativo, las finanzas son agobiantes y nuestra mejor amiga traiciona nuestra confianza. Es vital que recordemos que las situaciones que parecen desesperadas en lo natural nunca lo son en lo espiritual.

La verdad es que nunca se ha esperado que lo resuelvas todo tú sola. No tienes por qué navegar sola por esta vida. Necesitamos la ayuda de Dios para andar en esta vida como es debido. Y no tenemos que ser las más firmes en la fe para recibir su ayuda. Amiga mía, con que puedas juntar un poco de fe, llévasela al Señor y pídele ayuda. Siempre te la dará.

Padre, qué bendición no tener que arreglarlo todo yo sola. Qué alivio no tener que vivir sin esperanza. Y qué asombrosa promesa es que cuando llego a mi límite, tú estás ahí. Gracias por ser el Dios de lo posible. No puedo imaginarme vivir sin ti. En el nombre de Jesús, amén.

ESTÁS INVITADA

El último día de la fiesta de las enramadas era el más importante. Ese día, Jesús se puso en pie y dijo con voz fuerte: «El que tenga sed, venga a mí. Ríos de agua viva brotarán del corazón de los que creen en mí. Así lo dice la Biblia».

JUAN 7.37-38 TLA

¿Sabías que has sido invitada a una relación con el Señor? Al igual que hizo en la fiesta, Jesús te llama, te ofrece satisfacer todas tus necesidades en la vida. Él quiere ser quien te sostenga, te sane y te rescate. El Señor quiere ser quien te anime y te guíe. ¿Lo has escuchado? Más aún, ¿has respondido?

En este mundo loco, es maravilloso saber que tenemos un Dios que nos ve justo donde estamos. Es maravilloso tener comunión con un Dios que ofrece saciar una sed que solo Él puede satisfacer. Cuando elijas aferrarte a Dios, confía en su voluntad y en sus caminos y depende de Él para el resultado. Hallarás paz, fuerza y sabiduría.

Padre, ¡qué privilegio ser llamada a una relación contigo! Gracias por invitarme a la comunión. Te digo sí con todas mis fuerzas, y te pido que me ayudes a creer en tus promesas y a confiar en ellas. En el nombre de Jesús, amén.

PÍDELE A DIOS LO QUE NECESITAS

Mi mandato es: «¡Sé fuerte y valiente! No tengas miedo ni te desanimes, porque el SEÑOR tu Dios está contigo dondequiera que vayas».
JOSUÉ 1.9 NTV

A veces necesitamos una dosis extra de valentía. La vida nos lanza desafíos difíciles cuando menos lo esperamos, ¿no es así? Y pueden asustarnos porque hemos perdido el equilibrio y todo parece fuera de control. Al fin y al cabo, lo importante es saber que no estamos solas. Ayuda saber que tenemos un Dios que vendrá a nuestro encuentro en nuestro temor.

Es en estos momentos cuando la presencia de Dios significa tanto. Es a Él a quien pedimos lo que necesitamos para surcar las agitadas aguas que tenemos por delante. Cuando se avecina una conversación difícil con alguien a quien amamos, pidamos el valor de ser sinceras. Cuando te enfrentes a un cambio, pídele una fe valiente y confía en Él. Cuando estés sufriendo y quieras abandonar, pídele a Dios la confianza para continuar.

Padre, a veces es difícil admitir que necesito tu ayuda porque siento que con mis propias fuerzas tengo lo que necesito. Siento que tú me hiciste capaz de manejar cualquier cosa que se me presente. Pero estoy aprendiendo lo mucho que necesito tu ayuda, sobre todo en esos momentos en los que me siento abrumada y asustada. Qué alivio saber que no necesito tener todas las respuestas. Gracias. En el nombre de Jesús, amén.

CONFIAR PLENAMENTE

Confía en el Señor con todo tu corazón;
no dependas de tu propio entendimiento.
Busca su voluntad en todo lo que hagas,
y él te mostrará cuál camino tomar.
Proverbios 3.5-6 NTV

Seamos sinceras. Confiar completamente en el Señor es una tarea difícil. No es que no pueda Él hacer lo que haga falta, sino que nuestra incapacidad para ceder el control lo complica. Quizás sabemos que Dios siempre quiere lo mejor para nosotras, pero nos preocupa que su deseo y el nuestro no coincidan. Podemos creer que Él puede, pero ¿qué pasa si su tiempo no se adapta al nuestro? Es más, puede que tengamos un historial de buenas elecciones y decisiones firmes, por lo que sugerir que no podemos depender de nosotras mismas parece una locura.

Es un paso de fe radical, pero puedes confiarle un futuro que no conoces a un Dios que sí conoces. Cuando haces esto, estás eligiendo rendirte. Le estás diciendo al Señor que confías más en sus caminos que en los tuyos. Y cada paso que das te mantiene abierta a dejar que Dios corrija el rumbo si es necesario.

Padre, confieso que a veces me cuesta confiar completamente en ti. A veces tengo crisis de fe y me impaciento. Me aferro a mis planes más de lo que debería. Ayúdame a fortalecer mi confianza en ti. En el nombre de Jesús, amén.

ORAR CON UNA FE GRANDE

Estoy convencido de que Dios empezó una buena obra entre ustedes y la continuará hasta completarla el día en que Jesucristo regrese.
FILIPENSES 1.6 PDT

En el versículo de hoy, Pablo cuenta que pudo orar con *gran fe* porque estaba completamente convencido de que Dios cumpliría sus promesas. Decidió creer que el Señor podía y lo haría. Pablo eligió confiar en que Él no se daría por vencido ni abandonaría su labor de perfeccionamiento. Por eso, en lugar de ceder a la duda, Pablo mantuvo los ojos puestos en Dios.

¿Cómo cambiaría tu situación si reaccionaras así? ¿Y si las palabras que pronunciaras sobre tu circunstancia difícil no revelaran ninguna reserva, sino que señalaran la inquebrantable confianza que tienes en Dios? ¿Y si acallaras cualquier pensamiento escéptico o preocupado abriendo la Biblia para leer pasajes que edifiquen tu fe? Ya sabes, incluso un pequeño paso en la dirección de la fe produce grandes resultados en la economía de Dios. Y cada vez que digas sí y creas, el Señor lo honrará.

Padre, ayúdame a ser la clase de mujer que ora con una fe grande. Dame el valor de confiar en ti cuando algo parezca imposible. Sé que la Palabra dice que tú siempre cumples tus promesas, pero a veces me asalta la duda. Ayuda a mi incredulidad. En el nombre de Jesús, amén.

NO POR VISTA

Pero, aunque no lo podamos ver, confiamos en él.
2 Corintios 5.7 TLA

Piensa en lo doloroso que es sentarse a rumiar una situación desgarradora. Cuando nos obsesionamos con las circunstancias aterradoras a las que nos enfrentamos, nos invade una sensación de pavor. Cuando alguien a quien amamos es movilizado en el ejército, nos sentimos impotentes. Cuando nuestras finanzas se hunden, nos sentimos indefensas. Cuando nuestra salud flaquea, nos sentimos desesperanzadas. Y si nos pasamos el tiempo fijándonos en este tipo de cosas, acabarán con nosotras.

En cambio, Dios te invita a que mantengas tus ojos en Él y le lleves en oración tu corazón angustiado cuando el miedo te invada, en lugar de caer en una espiral de depresión. Eso implica abrir tu Biblia para encontrar la paz en lugar de anestesiarte con comida o compras. Significa decir *confío en ti* cuando los tornados de la vida empiezan a arremolinarse y no puedes encontrarles sentido a las cosas. Significa que eliges creer que Dios es bueno, que te ama y que cumplirá todas sus promesas. La fe es una elección, siempre es una elección. Elige bien.

Padre, a veces elijo manejar yo mi vida en lugar de confiar en ti. Ayúdame a caminar en la inquebrantable creencia de que puedo confiar en tu amor y bondad en todas las cosas. En el nombre de Jesús, amén.

TU RESPUESTA ES LA FE

Pues Dios amó tanto al mundo, que dio a su Hijo único, para que todo aquel que cree en él no muera, sino que tenga vida eterna.
JUAN 3.16 DHH

El Señor nos ama mucho más de lo que podemos entender, por eso tomó medidas radicales para arreglar las cosas. En cuanto Adán y Eva desobedecieron, el pecado entró en el mundo. Y como Dios es santo, eso nos separó de Él. El Señor no podía aceptar eso, así que puso en marcha medidas drásticas para asegurarse de que no hubiera barreras entre nosotros. Ideó un hermoso plan de salvación accesible a cualquiera que lo elija. Eso te incluye a ti.

Amiga, la fe es tu respuesta al don desinteresado de Dios: su Hijo. No hace falta ser muy creyente para vivirlo. No necesitas tener una gran fe o una vida ya limpia. No hay nada que tú puedas hacer para estar libre de pecado. No depende de ti ganarte el camino al cielo. Lo que se te pide es la fe suficiente para creer que Jesús dio su vida en obediencia al Padre para eliminar tu pecado. Ese pequeño *sí* es una semilla de fe que Él hará crecer cada día.

Padre, gracias por Jesús. Estoy muy agradecida por no tener que buscar la manera de ganarme una eternidad contigo. ¡Ayúdame para que mi fe siga creciendo en ti! En el nombre de Jesús, amén.

FE EN ACCIÓN

Hermanos míos, ¿de qué le sirve a uno decir que tiene fe, si sus hechos no lo demuestran? ¿Podrá acaso salvarlo esa fe? Supongamos que a un hermano o a una hermana les falta la ropa y la comida necesarias para el día; si uno de ustedes les dice: «Que les vaya bien; abríguense y coman todo lo que quieran» pero no les da lo que su cuerpo necesita, ¿de qué les sirve? Así pasa con la fe: por sí sola, es decir, si no se demuestra con hechos, es una cosa muerta.

Santiago 2.14-17 dhh

Aunque nuestra fe sea pequeña, tenemos que mostrarla. No es porque queramos ser orgullosas ni presumamos de ser mejores. No es que creamos que nuestras obras nos llevan al cielo. En cambio, son la alegría y la gratitud las que nos mueven a bendecir a otros. Puede ser algo tan pequeño como ofrecerse a ayudar a alguien a mudarse o donar con generosidad a una causa que nos importa. Puede ser ofreciendo nuestro tiempo como voluntarias o compartiendo el evangelio en un país del tercer mundo. Lo cierto es que es imposible tener fe en Dios y no querer obrar en consecuencia.

Padre, abre mi corazón para que viva con generosidad y bondad con los que me rodean. Haz que pueda marcar la diferencia para tu reino. Lléname de confianza para vivir mi fe cada día. En el nombre de Jesús, amén.

ORACIONES AUDACES

Pero debe pedirle a Dios con fe, sin dudar nada. El que duda es como una ola del mar que el viento se lleva de un lado a otro.
Santiago 1.6 PDT

Cuando lleves una petición al Señor, sé valiente. Pídele con audacia lo que necesitas. No tienes que suplicar ni mendigar. No tienes que tener las palabras correctas ni ser intachable. No necesitas arrastrarte avergonzada a pedir su ayuda. Pero tienes que pedir con fe, eligiendo creer que Dios puede hacer lo que necesitas.

Aquí es donde nos complicamos. Cuando Él no nos responde en el momento o de la manera que queremos, asumimos que no puede. Suponemos que no va a responder. Y así, dejamos de pedir y hacemos las cosas por nuestra cuenta. Parte de tener fe significa confiar en que la voluntad y el tiempo de Dios son perfectos, y que cuando Él escucha nuestras oraciones, nos ama tanto que responde de acuerdo con su plan para nuestra vida. Decidámonos a pedir con valentía y luego aceptemos su forma y momento de respuesta. Eso es fe.

Padre, dame una fe audaz para pedir lo que necesito y una fe sumisa para aceptar tu respuesta. Ayúdame a creer que tú siempre estás de mi lado animándome cada día. En el nombre de Jesús, amén.

TEMPORADAS

Yo sé cómo vivir en pobreza o en abundancia. Conozco el secreto de estar feliz en todos los momentos y circunstancias: pasando hambre o estando satisfecho; teniendo mucho o teniendo poco. Puedo enfrentar cualquier situación porque Cristo me da el poder para hacerlo.

Filipenses 4.12-13 PDT

La verdad es que la vida está llena de temporadas, ¿no es así? Algunas son maravillosas. Todo parece ir a tu favor. Tus relaciones están firmes, tus finanzas están seguras, tu salud es buena y todo parece ir bien. Te levantas cada día con una sonrisa y saltas de la cama lista para más maravillas. Pero luego llega otra temporada, en la que quieres quedarte escondida en la cama con un cubo de tu helado favorito.

En esta temporada nada encaja, e intentas que los platos rotos sigan girando. Te parece que todo lo que podría salir mal... sale mal. La vida está llena de caos y frustración, y sacas la bandera blanca de la rendición. Quieres abandonar.

En cualquier caso, que tu fe siga siendo la misma. Es fácil aferrarse a Dios cuando llegan los tiempos difíciles, pero luego dejarlo de lado cuando las cosas van con normalidad. Elige ser el tipo de mujer que reconoce la necesidad de Dios sea cual sea la temporada por la que pasas.

Padre, te quiero en mi vida cuando es difícil y cuando es fácil. Quiero que nuestra relación crezca en las buenas y en las malas. Que mi fe sea firme en cualquier situación. En el nombre de Jesús, amén.

PIDE UN AUMENTO

Si tu hermano te hace algo malo siete veces en un día y viene siete veces y te dice: «Lo lamento, perdóname» perdónalo. Entonces los apóstoles le dijeron al Señor:

—¡Danos más fe!

Lucas 17.4-5 PDT

Para algunos, este versículo aporta un poco de humor al mostrar lo humanos que eran los apóstoles. ¿Captas la desesperación de su respuesta? La sugerencia de Jesús era dura y tal vez sintieron que era casi imposible de cumplir. Pero en lugar de negar con la cabeza y alejarse, sabían que su única esperanza de obedecer era pedirle que aumentara su nivel de fe.

Tú puedes hacer lo mismo. Cuando necesites fuerza para esa conversación difícil... cuando necesites sabiduría para saber el siguiente paso... cuando necesites gracia para dejar pasar la ofensa... cuando necesites valor para defender la verdad... pídele al Señor que aumente tu fe. Cuando te cueste confiar en que Dios se va a hacer presente, pide un aumento. Cuando parezca que las cosas nunca van a cambiar, pide un aumento. El aumento siempre está disponible, solo tienes que pedirlo.

Padre, se me ocurren muchos aspectos de mi vida en los que necesito más fe. Hay situaciones difíciles que son demasiado para mi condición humana. Y te pido que me des la capacidad de creer que tú vas a intervenir. En el nombre de Jesús, amén.

AYUDA A MI POCA FE

Jesús le dijo: —No digas: «Si puedes hacer algo»
todo es posible para el que cree.
Enseguida el papá del muchacho gritó muy fuerte:
—¡Creo, ayúdame a creer aun más!
Marcos 9.23-24 PDT

¿Alguna vez has sentido que tu fe no era lo bastante buena? Tal vez hayas observado a otros que han pasado por mucho y su fe se mantuvo intacta. Tal vez incluso se fortaleció. Viste cómo atravesaron algunos de los momentos más difíciles con la confianza de que Dios sería grande en sus circunstancias. Y tal vez eso te hizo preguntarte si tú tendrías ese mismo nivel de fe.

Es importante recordar que la fe es algo que se cultiva. Se necesita tiempo para construir la confianza en el Señor, algo que aprendemos de textos bíblicos importantes y de experiencias personales. Cada vez que elegimos confiar en Dios, la fe crece. Cuando nos apoyamos en Él por medio de la oración, nuestra fe crece. Cuando renunciamos a tener el control y pedimos su intervención, nuestra fe crece. Y en esos momentos en los que luchamos por creer que Él puede y quiere, pidámosle a Dios que aumente nuestra fe en Él.

Padre, me ayuda saber que incluso los personajes bíblicos tuvieron luchas con su fe en ti. Gracias por incluir sus historias, porque me ayuda a sentir que mis luchas no me descalifican. Ahora sé que puedo pedir un aumento. En el nombre de Jesús, amén.

CRISTO EN TI

En realidad, también yo he muerto en la cruz, junto con Jesucristo. Y ya no soy yo el que vive, sino que es Jesucristo el que vive en mí. Y ahora vivo gracias a mi confianza en el Hijo de Dios, porque él me amó y quiso morir para salvarme.

GÁLATAS 2.20 TLA

Piensa en esto: si Cristo vive en ti, tienes acceso a su fe sobrenatural. Por ti misma, la fe vacilará porque está alimentada por tu humanidad, una humanidad que es débil y defectuosa. Pero ahora, puesto que has aceptado a Jesús como tu Salvador, tienes el recurso para alimentar tu fe al máximo. Lo poco que tú has aportado ha sido aumentado por el Señor.

Así que cuando tengas problemas para creer que tu relación puede mejorar, pídele confianza al Señor. Cuando tengas problemas para aceptar el nuevo diagnóstico de salud, cree que Dios te dará gracia para ello. Cuando sientas que el duelo no va a tener fin, confía en Él para que te dé paz para pasar por él. Es Cristo en ti quien hace posibles estas cosas. Él te capacita para que puedas poner toda tu confianza en Él para cualquier cosa.

Padre, ayúdame a vivir por fe. Dame valor para confiar plenamente en ti para las cosas que necesito. Y gracias por el don de Jesús. En su nombre, amén.

¿QUÉ DIRÁN DE TU FE?

Se acerca el momento de mi muerte; mi vida ya se está ofreciendo como un sacrificio a Dios. Me fue bien en la competencia: he peleado bien, he terminado la carrera y no he perdido la fe.

2 Timoteo 4.6-7 PDT

Al final de tu vida, ¿qué dirán los demás de ti? ¿Hablarán de lo mucho que has trabajado y de todo lo que has conseguido? ¿Hablarán de lo rica que eras? Tal vez recuerden tu hermosa casa o las fastuosas vacaciones que pasabas con tu familia. Puede que se fijen en todas tus horas de servicio comunitario o de lo mucho que les han gustado tus dotes culinarias. Pero, amiga, ¿qué dirán de tu fe?

Solo tienes una oportunidad, y la vida no es más que un soplo. Este es el momento de que brille tu luz para que Dios sea glorificado por tus palabras y acciones. ¿Qué mejor legado puedes dejar a tus seres queridos que una fe inquebrantable? Tú eliges qué tipo de herencia dejas. Elijamos ser mujeres que sean recordadas por nuestra excelente lucha, por terminar la carrera que teníamos por delante y por tener un corazón lleno de fe.

Padre, ayúdame a estar tan llena de fe —aunque sea imperfecta— que pueda influir en otros para ti. Que mi reputación refleje el tiempo que invertí en nuestra relación. En el nombre de Jesús, amén.

ENTREGA TU ANSIEDAD

Dejen de pelear y acepten que yo soy Dios, todos me darán honor. Yo gobierno a las naciones y controlo al mundo entero.
SALMOS 46.10 PDT

A veces nos aferramos con fuerza a nuestra ansiedad porque nos da una falsa sensación de control. Nos reconforta intentar resolverlo todo por nuestra cuenta. Podemos pensar que estar estresadas demuestra que estamos atentas a todo y, por tanto, nuestros seres queridos ven lo mucho que nos preocupamos por ellos. Estar agotadas puede darnos una sensación de orgullo, ya que nos hace sentir importantes y necesarias. Puede alimentar una mentalidad victimista, dándonos mucho de qué quejarnos mientras recibimos solidaridad de los demás. Pero ninguna de esas razones es válida para entregarse al estrés cuando nos encontramos deshechas.

El mandato que leemos en el versículo de hoy es claro: Dios quiere que abandonemos la ansiedad. Quiere que dejemos de quejarnos, que dejemos de intentar arreglarlo todo, y que permitamos que Él nos traiga claridad y paz. Dios te pide que te eches a un lado y le dejes a Él ser Dios... y que tú seas tú. Dios te está recordando su voluntad y su capacidad de poner orden en el caos.

Padre, te escucho alto y claro. Perdóname por intentar jugar a ser Dios con mi estrés y mis conflictos. Renuncio a mi ansiedad y elijo vivir en paz. En el nombre de Jesús, amén.

LA FE IMPORTA

Hay tres cosas que son permanentes: la confianza en Dios, la seguridad de que él cumplirá sus promesas, y el amor. De estas tres cosas, la más importante es el amor.
1 Corintios 13.13 TLA

La mayoría de las veces, la gente ve 1 Corintios 13 como una argumentación sobre la importancia del amor. Aunque Pablo aborda este tema maravillosamente, al final nos recuerda que hay tres cosas que el Señor aprecia. Ahí mismo se nos dice que la fe es algo de peso y le importa mucho al Señor.

La realidad es que sin ella no puedes estar en comunión con Dios. Es el pegamento que mantiene unida tu relación, y agrada al Señor. Es a lo que recurres para navegar por las agitadas aguas de la vida. Es lo que te da valor para volver a intentarlo y sabiduría para saber cuál es el siguiente paso. Por eso te lleva a leer la Biblia y orar y puedes encontrar la paz en medio del caos. Es una parte vital de la terna que menciona Pablo. Necesitas las tres porque funcionan en poderosa combinación unas con otras.

Padre, haz crecer mi fe. Intento salir adelante cada día, pero no siempre es agradable. Sé que tú no buscas la perfección, sino una vida con propósito. En el nombre de Jesús, amén.

EL PODER QUE PONE AL MUNDO DE RODILLAS

Porque todo el que es hijo de Dios vence al mundo.
Y nuestra fe nos ha dado la victoria sobre el mundo.
El que cree que Jesús es el Hijo de Dios, vence al mundo.
1 Juan 5.4-5 DHH

A veces parece que el mundo nos golpea. Tiene una forma especial de golpearnos justo donde duele y hacer que todo parezca inútil. Nos sentimos abrumadas por nuestras luchas, y desmotivadas, y nos preocupa que todo siga igual. Pero ese tipo de pensamiento indeseable no tiene cabida en la vida de una mujer de fe.

Si eres hija de Dios, si le has pedido a Jesús que sea tu Señor y Salvador personal, entonces eres una fuerza a tener en cuenta. Estás respaldada por el Dios de la creación que ha abierto un camino para la victoria a través de la muerte de su Hijo en la cruz. Es tu fe en Él lo que te da fuerza y poder para capear las tormentas de la vida. Puede ser duro a veces, pero no serás derrotada si confías en Dios en medio de todo. Así que anímate, tesoro, porque tu fe te permite vencer todo lo que el mundo te ponga por delante.

Padre, gracias por hacer posible la victoria en un mundo empeñado en destruir. Hoy elijo confiar en ese poder. En el nombre de Jesús, amén.

EL ARMA DE LA FE

Pero sobre todo, tomen el escudo de la fe para detener las flechas encendidas del maligno.

EFESIOS 6.16 PDT

Amiga, tu fe es algo extraordinariamente poderoso que puedes esgrimir contra las fuerzas del mal. Con demasiada frecuencia, nos sentimos débiles e indefensas cuando las batallas espirituales arrecian en nuestras vidas. Nos acobardamos y nos alejamos en lugar de usar la armadura que Dios ha creado para nosotras. Nos agotamos en nuestras propias fuerzas en lugar de mantenernos fuertes en las suyas. Basta.

Se nos enseña que en cada batalla que se nos presenta —en cada batalla que debemos afrontar— hay un arma a nuestra disposición. Nuestra fe. Y cuando nos mantenemos fuertes y confiadas, confiando en que Dios está presente con nosotras, los planes del enemigo son destruidos. Cada flecha de odio, inseguridad, miedo, vergüenza, culpabilidad o sentido de inutilidad se anula cuando elegimos creer lo que Dios dice que somos. No eres una debilucha. No estás indefensa. Así que agarra tu escudo de la fe y mantente firme, poderosa guerrera.

Padre, confieso que a veces me siento débil. Nunca me he considerado una guerrera. Pero sé que tú me darás lo que necesito para vencer al enemigo de mi alma, y sé que mi fe es la clave para hacerlo. Por favor, dame valor y confianza para levantar mi escudo de fe y confiar en ti. En el nombre de Jesús, amén.

UNA FE SALVADORA

Jesús les dijo: —Ustedes son de aquí abajo, pero yo soy de arriba; ustedes son de este mundo, pero yo no soy de este mundo. Por eso les dije que morirán en sus pecados; porque si no creen que Yo Soy, morirán en sus pecados. Entonces le preguntaron: —¿Quién eres tú? Jesús les respondió: —En primer lugar, ¿por qué he de hablar con ustedes?

JUAN 8.23-25 DHH

En el templo había un fariseo que no podía aceptar que Jesús afirmara ser el Hijo de Dios. Jesús le dijo una dura verdad. Y como el fariseo no tenía fe, Jesús le explicó claramente que perecería para una eternidad separado de Dios. En su ignorancia, preguntó: «¿Quién eres tú?».

Y tú, ¿tienes una fe salvadora en Jesús? ¿Sabes quién es Él y lo que ha hecho para que puedas vivir en el cielo con el Padre? Si no, y si quieres ser salvada de tus pecados, repite esta oración en voz alta:

Padre, confieso que soy una pecadora que necesita un Salvador. Confieso que no puedo llevar esta vida sin ti. Y sé que tú eres el Camino, la Verdad y la Vida. ¿Quieres ser mi Salvador personal? Reconozco a Jesús como tu Hijo que pagó el precio de mis pecados, y lo recibo en mi vida y en mi corazón. ¡Gracias por abrir el camino a una eternidad contigo! En el nombre de Jesús, amén.

LA FE PUEDE ABRIR EL CORAZÓN

Por la fe, Noé recibió una advertencia de Dios sobre algo que aun no se podía comprobar. Respetó la advertencia de Dios y construyó un barco muy grande para salvar a su familia. Con su fe, Noé demostró que el mundo estaba equivocado, y así recibió las bendiciones del que agrada a Dios.

HEBREOS 11.7 PDT

La fe abrió el corazón de Noé. Qué hermoso cuadro. Es algo notable, porque sabemos que el corazón es delicado y puede endurecerse con el tiempo y los problemas. La fe le permitió a Noé escuchar las advertencias de Dios sobre cosas que aún no podía ver, así como obedecer sus instrucciones de construir un arca para salvar a su familia. Y fue gracias a su fe para hacer lo que Dios le pedía como demostró que los caminos del mundo eran malos. La fe es una fuerza poderosa alimentada por el Espíritu Santo.

¿Dónde necesitas que la fe abra tu corazón para que escuches a Dios? ¿Dónde te está pidiendo Él que sigas su guía y tú estás eligiendo ser terca? ¿Cómo trata el Señor de captar tu atención? ¿Qué paso te está instando a dar? Haz que escuchar al Señor sea una práctica diaria, y que la obediencia sea una respuesta sin fisuras.

Padre, no quiero obstaculizar el impulso de la fe a seguirte. Dame un espíritu dispuesto a escuchar y obedecer. En el nombre de Jesús, amén.

DA TODO LO QUE TIENES

Manténganse despiertos y firmes en la fe. Tengan mucho valor y firmeza. Y todo lo que hagan, háganlo con amor.
1 Corintios 16.13-14 DHH

No eres de las que se rinden. Sí, hay veces que esa parece la mejor opción. Hay situaciones que parecen desesperadas y dan ganas de retirarse. Hay circunstancias en las que el fracaso parece inevitable. Pero a menos que el Señor te diga que abandones, pídele fe para seguir adelante. Él siempre estará ahí para ayudarte. Sin duda, siempre puedes contar con Dios.

¿Necesitas fuerzas para la batalla? Pídelas. ¿Necesitas determinación para hacer lo correcto o sabiduría para saber qué es lo siguiente? Pide. ¿Necesitas visión clara para ver lo que ocurre o la capacidad de amar a alguien difícil? Pídele a Dios que te lo dé. A veces es cuando llegamos al final de nosotras mismas —el final de nuestras soluciones y arreglos humanos— cuando nos damos cuenta de que necesitamos a Dios. ¿Y si, por el contrario, activáramos nuestra fe a la primera señal de problemas? ¿Y si confiáramos en Él para nuestras necesidades? Dios está esperando que cuentes con su ayuda.

Padre, ayúdame a recordar que tú eres el Dador de todas las cosas buenas. Ayúdame a ir directamente a ti primero en lugar de luchar yo sola hasta la extenuación. Necesito que tu fuerza corra por mis venas para darme valor y confianza para vivir como es debido. En el nombre de Jesús, amén.

TU FE SANA

El ciego se quitó el manto, dio un salto y fue
a donde estaba Jesús. Jesús le dijo:
—¿Qué quieres que haga por ti?
El ciego respondió:
—Maestro, quiero ver de nuevo.
Jesús le dijo:
—Puedes irte, tu fe te ha sanado.
Enseguida el hombre pudo ver y siguió a Jesús por el camino.
MARCOS 10.50-52 PDT

¿Puedes imaginar la euforia que sintió este ciego cuando Jesús lo sanó en un instante? ¿Cuántos años llevaba deseando ver? ¿Cuánto tiempo llevaba ansiando ver el mundo que le rodeaba? ¿Qué rostro era el que más deseaba ver? Cuando Jesús escuchó las palabras de este hombre y vio su fe, el Señor le devolvió la vista al instante. Su fe hizo posible la sanidad.

Puede que tu historia no sea como la suya, pero eso no niega la verdad de que la fe desbloquea la sanidad. Y ya sea la sanidad física, emocional, financiera o de alguna otra manera, tu voluntad de confiar en Dios en tu situación es lo que la hace posible. ¿Dónde necesitas sanidad hoy? Con fe, pide ayuda al Señor.

Padre, dame esa clase de fe que cree en tu capacidad de sanar. Guárdame de la duda, y construye mi confianza para tener fe en ti sin importar lo que me venga al camino. En el nombre de Jesús, amén.

TU FE SE NOTA

No me avergüenzo del evangelio, porque es poder de Dios para que todos los que creen alcancen la salvación, los judíos en primer lugar, pero también los que no lo son. Pues el evangelio nos muestra de qué manera Dios nos hace justos: es por fe, de principio a fin. Así lo dicen las Escrituras: «El justo por la fe vivirá».

Romanos 1.16-17 DHH

Cuando te conviertes en seguidora de Jesús, se nota. Puede que no sea algo que se vea en tu cara, pero los demás notan tu fe por cómo actúas. La notan en la forma de tratar a la mesera con amabilidad cuando se equivoca con el plato que has pedido. La notan en cómo eliges perdonar a alguien que no lo merece. Se revela en la gracia que muestras en lugar de aferrarte a una ofensa, liberando a quien haya herido tus sentimientos. La muestras en tu generosidad al ayudar a una familia necesitada. Está en las horas que dedicas a una obra benéfica.

No me malinterpretes. Tus obras no te llevan al cielo. Eso es solo por fe, creyendo que Jesús es el Hijo de Dios. Pero una vez que recibes el don de la salvación, tu fe se revela en tus actos de amor.

Padre, haz que mis acciones muestren mi fe en ti. Dame ojos y oídos espirituales para ver las necesidades de los demás y responder con fe siendo tus manos y pies. En el nombre de Jesús, amén.

LA BELLEZA DE LA HUMILDAD

Esos babilonios son muy orgullosos, pero ustedes, que son humildes, vivirán porque confían en mí.
HABACUC 2.4 TLA

A Dios no le gusta que seamos orgullosas. Él aprecia un corazón humilde porque muestra que no estamos tan seguras de nosotras mismas como para no comprender nuestra necesidad de Dios. Podemos confiar en nuestras capacidades porque sabemos que proceden del Señor. Podemos creer en nuestra capacidad para superar las dificultades porque sabemos que Él nos dará fuerza y aguante. Y podemos tener fe en nuestras decisiones porque hemos pedido a Dios sabiduría y discernimiento. Estamos confiando en que Él está en nosotras y obra a través de nosotras. ¿Amén?

Cuando, por el contrario, nos creemos impresionantes y poderosas, el fracaso está asegurado. Como cristianas, no hay lugar para ese tipo de mentalidad orgullosa. Es cierto que Dios nos creó con talentos y dones que nos llevarán muy lejos en la vida. Pero cuando las unimos a nuestra fe, se sobrealimentan. Elijamos ser mujeres que intentan vivir cada día honrando a Dios y confiando en que Él revele su voluntad para nuestra vida. Vivamos por fe.

Padre, sé que tú eres la razón por la que puedo presumir porque tú eres el Dador de todas las cosas buenas. Ayúdame a vivir de forma fiel, confiando en tu guía. En el nombre de Jesús, amén.

JUSTO EN EL MEDIO

Le pido a Dios, fuente de esperanza, que los llene completamente de alegría y paz, porque confían en él. Entonces rebosarán de una esperanza segura mediante el poder del Espíritu Santo.
ROMANOS 15.13 NTV

A veces, lo más complicado es estar en medio de una situación difícil. Una vez pasada la conmoción, nos encontramos en la rutina diaria de recorrer el camino de la sanidad o enfrentarnos a las terribles consecuencias. Es agotador. Y estando en el medio suele ser cuando perdemos la esperanza y queremos tirar la toalla. Nuestra fe pende de un hilo.

Cobra ánimo con el versículo de hoy. Nos muestra que podemos orar pidiendo la ayuda de Dios cuando nos encontramos en medio de un lío. Mientras seguimos poniendo un pie de fe tras otro, dando el siguiente paso hacia la reconciliación, podemos pedir a Dios que nos llene de su abundancia. Puedes pedir alegría, paz y esperanza. Y es tu fe —grande o pequeña— en su capacidad lo que abre la puerta para que el Espíritu Santo te haga rebosar en ti justo lo que necesitas para seguir adelante.

Padre, estoy en medio de una temporada difícil y necesito desesperadamente que me animes a creer que las cosas mejorarán y que lo superaré. Por favor, infúndeme tu esperanza, alegría y paz. En el nombre de Jesús, amén.

LUCHA O HUIDA

Amados hermanos, cuando tengan que enfrentar cualquier tipo de problemas, considérenlo como un tiempo para alegrarse mucho porque ustedes saben que, siempre que se pone a prueba la fe, la constancia tiene una oportunidad para desarrollarse. Así que dejen que crezca, pues una vez que su constancia se haya desarrollado plenamente, serán perfectos y completos, y no les faltará nada.

SANTIAGO 1.2-4 NTV

La llamada a la acción de Santiago parece contraintuitiva cuando la vida se pone difícil, ¿verdad? Cuando nos sentimos abrumadas y con el agua al cuello, huir parece una opción viable. ¿Quién quiere quedarse para aprender el valor de la paciencia? ¿Quién cree que quedarse en medio del caos acabará trayendo alegría? ¿Alguien?

Pero Santiago enseña algunas verdades que merecen releerse. Te ofrece un cambio de perspectiva que dará respuesta al *por qué* cuando intentas decidir cómo responder a tu difícil situación. Porque cuando encuentres el valor para afrontarlo y abrazarlo, confiando en el Señor en el camino, tu fe echará raíces profundas de alegría, paciencia y resistencia. Y esas raíces te mantendrán firmemente anclada el resto de tu vida.

Padre, dame la confianza que necesito para mantenerme fuerte en las tormentas de la vida. No quiero ceder y perderme las recompensas que supone mantenerse presente en los momentos difíciles. En el nombre de Jesús, amén.

FE ACREDITADA

Mantuvo firme su fe en la promesa de Dios sin dudar jamás. Cada día su fe se hacía más fuerte, y así él daba honra a Dios. Abraham estaba seguro de que Dios sería capaz de cumplir su promesa. Por eso, «Él tomó en cuenta la fe de Abraham y lo aprobó».

Romanos 4.20-22 pdt

¿Sabías que Abraham tenía casi cien años cuando Dios le prometió un hijo? Es más, Sara no podía quedar embarazada. ¡Hablando de promesas improbables! Pero Abraham creyó. Se mantuvo en su fe, inquebrantable aun conociendo la imposibilidad natural del hecho. Sabía que nada era imposible para Dios y eligió glorificarlo por su poder. En respuesta, el Señor anotó su fe terrenal en su cuenta celestial.

¿Qué promesa ha puesto Dios en tu corazón que ahora mismo te parece imposible? ¿Restaurar una amistad rota? ¿Encontrar cónyuge? ¿Tener hijos o criar a los que tienes? ¿Pagar las facturas médicas? ¿Superar el duelo? ¿Decir lo que tienes que decir? ¿Un nuevo trabajo? Sean cuales sean las circunstancias que te rodean, elige ser como Abraham... y creer. Al final, ese tipo de fe dará sus frutos.

Padre, aun cuando parezca improbable, elijo confiar en que tú harás lo que dijiste que harías. En el nombre de Jesús, amén.

SEGÚN SU VOLUNTAD

Les aseguro que, si tienen confianza y no dudan del poder de Dios, todo lo que pidan en sus oraciones sucederá. Si le dijeran a esta montaña: «Quítate de aquí y échate en el mar» así sucedería. Sólo deben creer que ya está hecho lo que han pedido.
MARCOS 11.24 TLA

A veces leemos este versículo y pensamos que Dios es como el genio de la lámpara, que nos concede tres (o más) deseos. Lo interpretamos creyendo que todo lo que pidamos —si de verdad lo queremos— será nuestro. Pero esa no es la realidad. Ningún Dios amoroso nos daría todo lo que quisiéramos. Si lo hiciera, ¿por qué tendríamos que confiar en Él?

Tenemos que contar con que Dios siempre responderá con lo mejor para nosotras. Aunque Él siempre escucha nuestras peticiones y le encanta que seamos grandes soñadoras, a veces lo que queremos no está en su plan y podría acarrear consecuencias insoportables. O puede que no sea el momento. Así que cuando le pidas algo a Dios, termina cada petición con un recordatorio de que siempre confiarás en su voluntad y en su tiempo. De esa manera, tu fe está asegurada en Dios mismo y no en su voluntad o capacidad de darte lo que quieres.

Padre, gracias por la libertad de pedirte lo que sea. Y gracias por amarme lo suficiente como para a veces responder... no. Ayúdame a confiar en tu respuesta por encima de lo que creo que es mejor para mí. En el nombre de Jesús, amén.

CÓMO PELEAR LA BUENA BATALLA

Pero tú, Timoteo, eres un hombre de Dios; así que huye de todas esas maldades. Persigue la justicia y la vida sujeta a Dios, junto con la fe, el amor, la perseverancia y la amabilidad. Pelea la buena batalla por la fe verdadera. Aférrate a la vida eterna a la que Dios te llamó y que declaraste tan bien delante de muchos testigos.

1 Timoteo 6.11-12 NTV

Que las palabras de Pablo instando a Timoteo a mantenerse fiel en su fe en Dios te sirvan de estímulo a ti también. Hay muchas cosas ahí fuera que están para destruir nuestro camino con Él. Desde las cosas que vemos y leemos hasta las actitudes y prejuicios que tenemos, pasando por nuestros pensamientos y acciones, el mundo no nos da un respiro.

Nuestra tarea —gran tarea— es vivir de la manera correcta. Debemos seguir y servir al Señor con nuestra vida. Debemos confiar en que Él hará crecer el fruto del Espíritu en nosotras para que podamos amar a los que nos rodean. Y debemos confiar en que Dios edifica nuestra fe en su voluntad y sus caminos cada día. ¡Así es como luchamos la buena batalla, amiga mía! Así es como dirigimos la mirada de otros a Dios en el cielo.

Padre, ayúdame a mantener mis ojos en ti. Que nunca renuncie a seguir tu voluntad en mi vida. Y bendíceme con el deseo de amarte con todo mi corazón. En el nombre de Jesús, amén.

UNA FE GRANDE

Entonces Jesús le dijo:
—¡Mujer, tú sí que tienes confianza en Dios!
Lo que me has pedido se hará.
Y en ese mismo instante su hija quedó sana.
MATEO 15.28 TLA

¿Qué haría falta para que tu fe fuera grande? Es posible que ahora mismo tu fe sea tan pequeña como un grano de mostaza. Puede que aún estés intentando entender todo esto de Dios, o que hayas perdido la fe en algún punto del camino y estés luchando por recuperarla. Sea cual sea la razón, ¿qué necesitas para hacerla grande?

La fe es una elección. Es una decisión de creer en un Dios que no podemos ver. Es permitir que tu necesidad de control disminuya a la vez que tu esperanza en Él aumenta. Y, te soy sincera, la fe es algo que Dios hace crecer en nosotras. Sencillamente, no podemos hacerlo sin Él. Así que, cuando necesites fuerza para esa conversación difícil o gracia para alguien que te hirió, cuando necesites sabiduría para dar el paso correcto o paz para calmarte, cuando necesites aguante para el proceso y valor para el pronóstico, pídeselo a Dios. Y cada vez que lo veas intervenir, estarás en camino hacia una gran fe.

Padre, sé que no importa el tamaño de mi fe, sino la voluntad de tenerla. Gracias por hacerla crecer en mí cuando te la pido. ¡Te amo! En el nombre de Jesús, amén.

FE COHERENTE

Jesús les dijo:
—Confíen en Dios.
MARCOS 11.22 TLA

Esto significa que cuando el diagnóstico del doctor te da un susto de muerte, confías en Dios para el proceso. Cuando tu hijo está tomando decisiones dañinas, tienes esperanza en las promesas de Dios. Cuando los secretos de tu cónyuge salen a la luz y el divorcio es inminente, el Señor se convierte en tu refugio. Cuando te sientes perseguida tras abrirle tu corazón a alguien, te aferras a Dios en busca de consuelo. Y cuando estás tan sola y te sientes poco amada, eliges creer quién dice Dios que eres.

Al fin y al cabo, lo único que tienes es al Señor. Puede que tengas un gran sistema de apoyo que te ama mucho, pero eso no es tu salvador. Puede que tengas la agenda llena para mantener tu mente ocupada, pero eso no puede sanar tu corazón. Recuerda que tienes a Dios, y que Él siempre está a tu lado. Cuando elijas confiar de manera constante en Él para todo, tendrás todo lo que necesitas para una vida como es debido.

Padre, es difícil tener una fe constante porque hay muchas cosas que pueden sacudirla. A veces me siento agobiada con mi vida y trato de arreglarla yo misma. Confío en mí misma. Y es después cuando me acuerdo de ti. Perdóname por eso y ayúdame a acudir a ti primero. En el nombre de Jesús, amén.

TU CAMINO POR EL VALLE

Aunque pase por caminos oscuros y tenebrosos,
no tendré miedo,
porque tú estás a mi lado;
tu vara y tu bastón me reconfortan.
SALMOS 23.4 PDT

Dios te ama. Le interesa mucho tu corazón. Y Él está enfocado en que crezcas y te conviertas en la mujer que Él quería que fueras. A veces, la única manera de hacer crecer tu fe es permitir que las dificultades entren en tu vida. Eso no es porque Dios sea malo. Es porque Él sabe que a veces esa es la mejor manera de que aprendamos. Piensa en ello. Cuando la vida va bien, ¿qué incentivo hay para cambiar y crecer? Ninguno.

Pero cuando estamos caminando por el valle —confiando en la guía y sostén del Señor—, nuestro corazón anhela su consuelo. Nos rendimos a su plan, sabiendo que es nuestra única esperanza. Anhelamos su refugio y protección. Y le seguimos porque sabemos que Él nos llevará a salvo al otro lado.

Padre, haz crecer mi fe al pasar por los valles. Enséñame a poner mi confianza en ti, sabiendo que nunca me abandonarás. Dame valor para entregarte mis miedos y recibir tu consuelo. Gracias por estar conmigo. En el nombre de Jesús, amén.

NO TE AVERGÜENCES

Pues no siento vergüenza de la buena noticia acerca de Cristo porque es el poder que Dios usa para salvar a todos los que creen en él. Se anunció primero a los judíos, pero ahora también se anuncia a los que no son judíos.

ROMANOS 1.16 PDT

Sobre todo en estos días, cuando hablamos de nuestra fe, a menudo se reacciona con negatividad. La gente puede considerarnos tontos por creer en Jesús, seguros de que ellos tienen más luces que nosotros. Muchos piensan que la Biblia es un libro lleno de historias inventadas. La califican de irrelevante e innecesaria. Y creen que es una tontería depositar nuestra confianza en algo o alguien que no podemos ver. Este tipo de mentalidad está muy extendida y a menudo es la razón por la que mantenemos la boca cerrada. Nos da miedo hablar bien de Jesús. Nos preocupa que nos avergüencen por creer. Así, en lugar de vivir nuestra fe de forma visible, optamos por esconderla y quedarnos callados.

Amiga, ¡elige ser una luz! Si nuestras palabras no dirigen a otros hacia el Señor, ¿cómo van a escuchar? Si nuestra vida no revela su amor, ¿quién lo extraña? Anímate y sal. No hace falta salir con pancartas ni predicar con un megáfono. Solo deja que tus palabras y acciones reflejen la fe que tienes en Dios.

Padre, ¡dame el valor de ser valiente por ti! ¡Ayúdame a hacerte brillar en el mundo de una manera poderosa! En el nombre de Jesús, amén.

FE AUTÉNTICA

Porque la fe de ustedes es como el oro: su calidad debe ser probada por medio del fuego. La fe que resiste la prueba vale mucho más que el oro, el cual se puede destruir. De manera que la fe de ustedes, al ser así probada, merecerá aprobación, gloria y honor cuando Jesucristo aparezca.

1 Pedro 1.7 dhh

Cuando pasas por la tormenta alabando al Señor, tu fe demuestra ser genuina. En esas épocas en las que la mayoría se habría alejado de Dios con ira, pero tú te mantuviste en una posición de confianza, tu fe queda autentificada. Cuando la vida te da un puñetazo en el estómago, pero sigues creyendo en las promesas de Dios, tu fe sale victoriosa. ¡Y el Señor se complace en eso!

La Biblia nos dice que nos enfrentaremos a muchas pruebas en el camino, pero que nuestra fe nos recuerda que Dios está con nosotras. Que Él es digno de confianza y estará ahí en cada paso del camino. Hace falta valor para seguir confiando en Él cuando una quisiera enloquecer. No es fácil renunciar al control y poner en marcha nuestra fe. Pero cuando lo hacemos, Dios nos bendice por mantenernos fieles a sus promesas.

Padre, quiero que se demuestre que mi fe es auténtica. Quiero que los demás te vean en la manera que elijo de vivir mi vida. Quiero que tu nombre sea glorificado en mis reacciones. Por favor, fortalece mi fe cada día para que pueda agradar tu corazón. En el nombre de Jesús, amén.

OPORTUNIDAD PARA CONFIAR MÁS

Ustedes sólo han tenido las mismas tentaciones que todos los demás. Pero Dios es fiel y no va a dejar que sean tentados más allá de lo que puedan soportar. Así que sepan que cuando sean tentados, van a poder soportar, porque Dios les dará una salida.

1 Corintios 10.13 PDT

¡A qué Dios tan maravilloso servimos! Su fidelidad hacia nosotras es extraordinaria, y no hay nada comparable. Él no solo examina y filtra cada prueba que se nos presenta, sino que nos proporciona un botón de escape para que no quedemos atrapadas. Él se asegura de que haya un camino para que salgamos victoriosas de nuestra lucha. Y cuando decidimos activar nuestra fe, Dios no solo reconoce nuestra elección de confiar en Él, sino que también la bendice. Más aún, el Señor utiliza esos momentos para profundizar en nuestra relación.

Es muy importante que nos demos cuenta de que cuando nos llega la tentación no estamos solas. No se trata de nuestro nivel de fuerza de voluntad. No se trata de nuestra determinación. No hay una fórmula mágica a la que podamos acceder para ganar. Se trata de pedir ayuda a Dios.

¡Padre, eres increíble! Gracias por darme una salida cuando me siento atrapada en una prueba. Recuérdame que confíe en ti. En el nombre de Jesús, amén.

EL PRODUCTOR

En cambio, la clase de fruto que el Espíritu Santo produce en nuestra vida es: amor, alegría, paz, paciencia, gentileza, bondad, fidelidad, humildad y control propio. ¡No existen leyes contra esas cosas!
GÁLATAS 5.22-23 NTV

¿Te has fijado en quién es el productor? Es solo el Espíritu Santo. A menudo nos olvidamos de esto, y decidimos que crecer en nuestra fe, amor y autocontrol es algo que depende de nosotros. Creemos que encontrar la paz y la alegría es cosa nuestra. Creemos que hay que luchar para tener paciencia. Ponemos la carga de la madurez sobre nuestros hombros. En nuestra mente, hay mucha presión para ser mejor cristiana, y por eso nos esforzamos más y más para cumplir ciertas normas.

Pero tal vez nuestra respuesta debería ser pedir al Espíritu Santo que dirija este esfuerzo. Tal vez deberíamos renunciar a nuestro control y pedirle a Él que se haga cargo. Estos frutos necesitan la intervención divina para desarrollarse. Sencillamente, no tenemos la capacidad ni el poder de hacerlos madurar nosotras mismas. Y cuando pongamos nuestra fe en el Espíritu Santo, madurará de acuerdo con la voluntad de Dios.

Padre, ayúdame a confiar en ti en el proceso de maduración de los dones del Espíritu en mi vida. Dame la capacidad de renunciar al control. Enséñame a entregarte mis deseos y mi tiempo. Y por favor, aumenta mi fe mientras dejo que el Espíritu produzca esto en mí. En el nombre de Jesús, amén.

UN FUTURO HERMOSO

Pues yo sé los planes que tengo para ustedes —dice el Señor—. Son planes para lo bueno y no para lo malo, para darles un futuro y una esperanza. En esos días, cuando oren, los escucharé. Si me buscan de todo corazón, podrán encontrarme.

Jeremías 29.11-13 NTV

A veces nos cuesta un mundo creer que Dios tiene planes buenos y esperanzadores para nuestro futuro. Miramos el caos de nuestra situación y perdemos la esperanza de que esta promesa sea para nosotras. Reflexionamos sobre nuestro agitado pasado y nos cuesta ver algo positivo. Miramos hacia dónde se dirige la trayectoria de nuestra vida y nos desanimamos. Pero olvidamos que nuestro Padre conoce cada plan que diseñó para nosotros.

Recibe cada mañana al Señor en los detalles de tu jornada. Pídele que aumente tu fe para oírle y verle. Invita a Dios a entrar en tu desesperanza y tu temor y cuéntale tus preocupaciones más profundas. Dile que necesitas ánimo para saber que Él no te ha olvidado. Y tal vez debas pedirle que te recuerde el valor que tienes a sus ojos. Todos necesitamos la seguridad de que podemos confiar en Él y de que tiene planes para un hermoso futuro para nosotras.

Padre, ayúdame a confiar en ti en lo que me espera, sabiendo que tus sentimientos hacia mí siempre son buenos. Dame la confianza para caminar hacia mi futuro con valentía. En el nombre de Jesús, amén.

ESTABLECER LA FE

Entonces una mujer que desde hacía doce años estaba enferma, con derrames de sangre, se acercó a Jesús por detrás y le tocó el borde de la capa. Porque pensaba: «Tan sólo con que llegue a tocar su capa, quedaré sana». Pero Jesús se dio la vuelta, vio a la mujer y le dijo:
—Ánimo, hija, por tu fe has sido sanada.
Y desde aquel mismo momento quedó sana.
Mateo 9.20-22 DHH

¿Has estado alguna vez desesperada por una sanidad que solo Dios puede proporcionar? ¿Has estado tan deshecha que sabías que Él era tu única esperanza? ¿Alguna vez has estado en las últimas y solo te quedaba la fe en el Señor? No eres la única, amiga. Y qué regalo que Dios incluyera en la Biblia la historia de esta mujer. Él sabía que necesitaríamos un recordatorio de lo que nuestra fe pone en marcha.

Ella había agotado sus recursos económicos y sus opciones médicas. Para ella, Jesús era la última esperanza. Hizo acopio de fe y se abrió paso entre la multitud, para tocar tan solo el borde de su manto, con fe en que eso era suficiente. Y en ese mismo instante fue sanada. Su fe la preparó para la sanidad. Elige creer en su poder y observa lo que sucede.

Padre, yo quiero esa clase de fe. Quiero creer en tu poder con esa intensidad, y sin cuestionarlo. Ayúdame a arriesgarlo todo para confiar en que tú me ayudarás. En el nombre de Jesús, amén.

JUZGAR LA FE DE OTROS

*Reciban bien al que es débil en la fe,
y no entren en discusiones con él.*
ROMANOS 14.1 DHH

Todas tenemos nuestro propio camino de fe que recorrer. Cada una de nosotras tendrá que decidir qué tipo de relación tendrá con el Señor. No hay un camino único que nos sirva a todas. Y mientras que algunas tendrán profundas raíces de fe con sabiduría, discernimiento y madurez, otras no. Es inevitable que discrepemos y tengamos ideas opuestas sobre ciertas cosas. El versículo de hoy nos recuerda que debemos tratarnos con amabilidad y darnos el espacio necesario para ser nosotras mismas.

Decidamos ser mujeres que no juzgan la fe de los demás. No la señalemos como la razón —a nuestro juicio— que las hizo manejar bien o no una situación. No somos la autoridad en materia de fe. Eso es algo entre ellas y Dios. En cambio, decidamos amar a todo el mundo en el punto en que esté. ¿No es eso lo que Dios nos pide?

Padre, dame gracia para los demás. Dame un corazón para amar sin condenar. En el nombre de Jesús, amén.

DIOS DE LO IMPOSIBLE

Abraham confió en Dios y, por eso, aunque su esposa Sara no podía tener hijos y él era ya muy viejo, Dios le dio fuerzas para tener un hijo. Y es que Abraham confió en que Dios cumpliría su promesa.

HEBREOS 11.11 TLA

¡Anímate con la historia de Sara! Hacía años que había pasado la menopausia, era físicamente incapaz de concebir y gestar un hijo, el hijo que Dios prometió a Abraham. Era literalmente imposible. Impensable. Inconcebible. En el plano natural, no había forma de que esta anciana pudiera hacer que esto sucediera. La vejez le había pasado factura y había cerrado la puerta al embarazo hacía tiempo. Sencillamente, no podía ocurrir. Pero Sara, en una decisión de fe, creyó en Dios.

No hay nada que impida al Señor hacer su voluntad. Él no está sujeto a ninguna restricción. Dios está por encima de toda regla o norma. Así que, amiga, cuando mires tu situación y veas una puerta cerrada, Él no la ve así. Cuando tus circunstancias te hablen de imposibilidad, no es así para Dios. Deja que el texto de hoy te anime a dar un paso en la fe y creer en Él. Cree que Él es un Dios de posibilidades, no de imposibilidades.

Padre, confieso que a veces dudo de ti. Gracias por ser paciente con mis luchas de fe. ¿Puedes ayudarme a crecer en mi fe y confianza en ti para que sepa en lo más profundo de mi ser que tú eres el Dios de lo imposible? En el nombre de Jesús, amén.

CREER EN LO PROFUNDO

Si declaras abiertamente que Jesús es el Señor y crees en tu corazón que Dios lo levantó de los muertos, serás salvo. Pues es por creer en tu corazón que eres hecho justo a los ojos de Dios y es por declarar abiertamente tu fe que eres salvo.

ROMANOS 10.9-10 NTV

Pablo endereza nuestro rumbo llamándonos a profundizar en nuestro creer. Una cosa es decir que creemos en algo, pero es completamente distinto cuando permitimos que arraigue en nuestro ser. Y hay una diferencia entre hablar de algo en lo que crees y confesarlo con seguridad. Es la diferencia entre creer con la cabeza y saberlo en el fondo del corazón. El versículo nos dice que la fe comienza en el corazón, y es de ahí de donde mana la vida. Así es como podemos caminar cada día en una relación correcta con Dios. Si nuestra fe no tiene raíces profundas, las tormentas de la vida la sacudirán siempre.

¿Hasta qué punto es profunda tu fe en este momento? ¿Qué te impide tener una mayor confianza? Dedica hoy un tiempo a desentrañar tu relación con el Señor. Pídele que abra tus ojos a las barreras que podrían estar impidiendo una fe más profunda. Cuéntale tus temores y preocupaciones. Y pídele que abra tu corazón a un mayor nivel de fe.

Padre, quiero más de ti. Quiero más de nosotros. Por favor, haz que mi fe sea más profunda. En el nombre de Jesús, amén.

INCLUSO SIN VER

Ustedes no han visto jamás a Jesús, pero aun así lo aman. Aunque ahora no lo pueden ver, creen en él y están llenos de un gozo maravilloso que no puede ser expresado con palabras. Eso significa que están recibiendo la salvación que es el resultado de su fe.

1 Pedro 1.8-9 pdt

Es posible amar al Señor sin verlo con nuestros ojos ni oír su voz con nuestros oídos. La definición de fe en Jesús consiste en tener completa confianza en Él aunque no puedas verlo en esta vida. Es una elección de creer en su existencia sin ninguna confirmación visual o audible mientras una está en este mundo. Y a veces... es tan difícil...

Cuando estamos enojadas, queremos sentarnos y pasar el proceso con alguien. Cuando estamos dolidas, queremos oír validación y empatía. Cuando estamos confusas, queremos hablar sobre qué hacer. Pero es nuestra fe la que permite al Señor satisfacer todas esas necesidades por nosotras. A través de su Palabra, tiempo en oración y el consejo piadoso de personas de nuestra confianza, podemos tener una relación profundamente arraigada con Dios, una relación tan segura que encontraremos alegría en nuestro tránsito por los escombros de la vida en nuestro camino hacia la eternidad con Él.

Padre, aumenta mi fe. Enséñame a estar profundamente arraigada en mi fe para que pueda andar en una relación correcta contigo. En el nombre de Jesús, amén.

ÉL SATISFARÁ PLENAMENTE

Le pido a mi Dios que les dé a ustedes todo lo que necesitan, conforme a las espléndidas riquezas que tiene en Jesucristo. ¡A nuestro Dios Padre sea el honor por toda la eternidad! Así sea.
Filipenses 4.19-20 PDT

¿Cuáles son tus necesidades en este momento, hoy? Tal vez necesites un trabajo para poder pagar la creciente pila de facturas. Tal vez necesites una amistad que rompa la soledad que sientes. Quizá quieras casarte y ser feliz para siempre, o que tu casa se llene de niños. Tal vez necesites gracia para esa persona que te está volviendo loca, o tal vez necesites recibir gracia tú. Quizá necesites esperanza en que las cosas mejorarán.

La fe es la forma de navegar por todas estas necesidades y deseos. Aquí es donde creemos que Él satisfará plenamente esas necesidades tal como las hemos pedido o encontraremos paz mientras Él nos redirige según su voluntad. La fe es la forma de hallar satisfacción sea cual sea la situación. La fe es confianza con esteroides, y cuando activamos nuestra fe, cedemos el control y permitimos que el Señor nos sacie a su tiempo y a su manera.

Padre, confío en ti para que satisfagas mis necesidades como mejor te parezca. Sé que tú siempre tienes en mente lo mejor para mí. En el nombre de Jesús, amén.

APÓYATE EN ÉL

Pon tu vida en sus manos,
confía plenamente en él,
y él actuará en tu favor;
así todos verán con claridad
que tú eres justo y recto.
SALMOS 37.5-6 TLA

Dios quiere que te apoyes en Él cuando te sientas débil. Quiere que te quites de encima todas tus preocupaciones e inseguridades y las pongas sobre Él. Cuando estás desesperada, Él quiere que confíes en Él para un aumento de fe. Cada vez que te sientas abrumada, el Señor quiere que tu confianza en Él eche raíces profundas. Él quiere tu corazón y quiere que encuentres descanso sabiendo que Él se encargará de todo lo que te agobia en este momento.

Dedica hoy un tiempo a hacer un inventario personal de las cosas duras de tu vida. ¿En qué te sientes sobrecargada? ¿En qué has sido ofendida? ¿Quién te causa estrés y conflictos? ¿Con qué tienes problemas de confianza o ánimo? ¿Qué te causa ansiedad? Estas son exactamente las cosas que el Señor quiere que le confíes. Deja que Él sea la superficie suave donde apoyarte.

Padre, pongo mis preocupaciones y temores a tus pies y te pido que me hagas sentir tu consuelo. Ayúdame a hallar descanso en ti. Y dame la fe necesaria para apoyarme siempre en ti. En el nombre de Jesús, amén.

CONFÍA EN SU TIEMPO

Humíllense, pues, bajo la poderosa mano de Dios, para que él los enaltezca a su debido tiempo. Dejen todas sus preocupaciones a Dios, porque él se interesa por ustedes.
1 Pedro 5.6-7 dhh

Una de las cosas más difíciles de hacer es confiar en el tiempo de Dios. ¿Por qué? Porque nunca parece coincidir con el nuestro. ¿Amén? Lo que a nosotras nos parece una respuesta urgente puede no parecerle lo mismo al Señor. En nuestra desesperación, podríamos activar nuestra fe y clamar por ayuda, sanidad y esperanza. Pero puede que Dios esté esperando a que las cosas se pongan en su sitio antes de responder. Y aunque parezca que nuestras oraciones no pasan del techo, el Señor está manos a la obra por nosotras.

Es importante que confiemos en el tiempo de Dios. Es una elección que tenemos que hacer cada día. Y es vital para nuestra cabeza y nuestro corazón saber que Él está siempre activo en nuestra vida. Por fe, debemos recordar que Él nos ama con un amor eterno e inmutable. Y cuando establezcamos estas verdades en nuestro espíritu, tendremos paz.

Padre, ayúdame a recordar que lo que tú quieres para mí siempre es bueno y que no me dejarás resolver las cosas por mi cuenta. Necesito desesperadamente tu amor, guía y provisión, así que ayúdame a quitar cualquier barrera que bloquee esa verdad de mi corazón. En el nombre de Jesús, amén.

ÉL SE PONDRÁ DE TU PARTE

Ten compasión de mí, Dios mío, pues hay gente que me persigue; a todas horas me atacan y me oprimen. A todas horas me persiguen mis enemigos; son muchos los que me atacan con altanería. Cuando tengo miedo, confío en ti. Confío en Dios y alabo su palabra; confío en Dios y no tengo miedo. ¿Qué me puede hacer el hombre?
SALMOS 56.1-4 DHH

¿Alguna vez has sentido que el mundo te golpea? ¿Alguna vez ha sentido que todo el mundo está en contra ti y desea tu fin? ¿Tu baja autoestima te ha llevado a etiquetarte como una derrotista? ¿Un fracaso? ¿Una decepción? ¿Te parece que siempre estás por debajo de las expectativas que tienen de ti? Respira hondo, amiga. La verdad es que no faltan las cosas difíciles, las personas odiosas y las situaciones hirientes. Puede tratarse de una relación que se ha ido al traste, de un problema económico que parece no tener solución o de un diagnóstico que cambiará radicalmente tu forma de vida. La vida es, como mínimo, difícil.

Pero nunca olvides que, por tu fe en Jesús, tienes un aliado inquebrantable. Él nunca se alejará de ti. Tu necesidad nunca lo superará. Y tu caos nunca será *demasiado* para Él. Y aunque tus decisiones a menudo acarrean consecuencias, eso no significa que el Señor haya terminado contigo. Al contrario, significa que Él caminará contigo por ellas, de principio a fin.

Padre, qué consuelo saber que siempre me cubres las espaldas. Gracias. En el nombre de Jesús, amén.

LA TENDENCIA A RETROCEDER

La persona que ama no tiene miedo. Donde hay amor no hay temor. Al contrario, el verdadero amor quita el miedo. Si alguien tiene miedo de que Dios lo castigue, es porque no ha aprendido a amar.
1 Juan 4.18 TLA

¿Sientes miedo de Dios? ¿Te preocupa haberlo enojado por algo que dijiste o hiciste? Tal vez te sientas culpable o avergonzada por cómo te comportaste en cierta situación. Tal vez sientas que has defraudado a Dios demasiadas veces. Tal vez te sientas un lastre o creas que su amor por alguien como tú tiene límite... y ha llegado a ese límite.

Esa línea de pensamiento tiene un problema: creer estas cosas nos impide ejercer nuestra fe. No sentimos que podamos pedir su ayuda. No nos sentimos con derecho a confiar en que Él proveerá. Y así nos alejamos de un Dios que nos ama incondicionalmente. La verdad es que el miedo no viene del Señor. No debemos tenerle miedo. El Espíritu Santo nos convence de juicio, pero no nos sentencia. Ten cuidado de que nada haga que tu fe se debilite.

Padre, ayúdame a recordar que me amas plena y completamente, y que lo que quieres para mí es siempre bueno. En el nombre de Jesús, amén.

¿CUÁNTO TIEMPO MÁS?

Señor, ¿hasta cuándo?
¿Vas a olvidarme para siempre?
¿Cuánto tiempo más me ignorarás?
¿Cuánto tiempo más seguiré angustiado?
¿Cuánto tiempo más sufriré esta pena?
¿Cuánto tiempo más mi enemigo será más fuerte que yo?
Salmos 13.1-2 pdt

Es probable que tú también te hayas sentido así. ¿Recuerdas algún momento en el que te encontraras al límite de tus fuerzas? ¿Recuerdas cuando anhelabas un punto de inflexión? La vida tiene una forma especial de golpearnos, ¿verdad? Y hay veces que parece que todo nos golpea al mismo tiempo. Tal vez incluso estés luchando con eso ahora mismo.

En el versículo de hoy, el salmista está desesperado por encontrar alivio, necesita un descanso, pero esto es lo genial. Aquí está su perla de sabiduría: sabe que Dios es la respuesta. Es su fe la que le recuerda que necesita al Señor. Lleva contigo esta perla a partir de hoy. La próxima vez que te encuentres en una situación difícil, activa tu fe y clama a Dios para que intervenga.

Padre, confieso que no me gusta esperar. Cuando me duele algo, quiero alivio inmediato. Ayúdame a encontrar la paz sabiendo que tú escuchas mi clamor y estás actuando, aunque yo no pueda verlo en el momento. En el nombre de Jesús, amén.

PAZ PARA CONFIAR

¡Tú guardarás en perfecta paz a todos los que confían en ti, a todos los que concentran en ti sus pensamientos! Confíen siempre en el Señor, porque el Señor Dios es la Roca eterna.

Isaías 26.3-4 NTV

Cuando decides confiar en Dios, se produce un hermoso intercambio. Es una reserva divina que te ayuda a sostenerte en tus momentos de inquietud. Sin falta, el Señor te promete cambiar esas emociones que te agitan por paz. Él sabe la fe que hace falta para confiar en Él en lugar de tratar de controlarlo todo y a todos. Él ve la dedicación que estás mostrando para creer en la soberanía de Dios. Y te recompensa por ello.

El Señor nunca te dejará sin esperanza o desamparada cuando lo necesites. Cuando el suelo debajo de ti empieza a temblar por la preocupación o el miedo, Dios es una fuerza estabilizadora. Él es fiel para cumplir todas sus promesas y estar a tu lado en cada momento difícil. Más aún, el amor inquebrantable de Dios por ti es para siempre. Tu fe en Él abre la puerta a un sinfín de dones y bendiciones. Dios siempre está listo y dispuesto para ayudar.

Padre, ansío tener paz en mi vida. Las cosas están tan desmadradas... y tengo miedo de que nunca se calmen. Estoy desanimada y frustrada. Qué alivio saber que tú recompensarás mi confianza en ti con paz. En el nombre de Jesús, amén.

PODEROSA Y ORGULLOSA

Ah, qué alegría para los que confían en el Señor, los que no confían en los orgullosos ni en aquellos que rinden culto a ídolos. Oh Señor mi Dios, has realizado muchas maravillas a nuestro favor. Son tantos tus planes para nosotros que resulta imposible enumerarlos. No hay nadie como tú. Si tratara de mencionar todas tus obras maravillosas, no terminaría jamás.

Salmos 40.4-5 NTV

Nos resulta muy fácil confiar ciegamente en aquellos que vemos como personas poderosas. Ya sea alguien de Hollywood a quien admiramos o algún otro icono que está en el candelero, con demasiada frecuencia nos enamoramos de sus opiniones o ideas y las suscribimos. Confiamos en sus recetas sobre la vida y el amor, y acabamos vacías.

Pero Dios quiere que confiemos plenamente en Él. Él no es una tendencia que cambiará con las modas ni un dios débil que flaqueará ante la presión. En realidad, el Señor ha hecho cosas asombrosas por ti. Haz recuento de las cosas que ha hecho en tu vida. Mira las formas en que te ha salvado, sanado, provisto y demostrado su fidelidad una y otra vez. Él es el único Poderoso en quien puedes confiar plenamente.

Padre, aparta mis ojos de cualquier falso dios que haya llamado mi atención. Revélame en qué cosas o personas erróneas estoy poniendo mi confianza. Ayúdame a poner la mirada solo en ti. ¡Tú eres el poder en mi vida! En el nombre de Jesús, amén.

TU REFUGIO

El Señor protege a los oprimidos; él los protege en tiempos de angustia. Señor, los que te conocen, confían en ti, pues nunca abandonas a quienes te buscan.

SALMOS 9.9-10 DHH

Tu fe es la llave para el refugio. Cuando tu matrimonio se desmorona... cuando te falla la salud... te has quedado sin esperanza... tu relación se tambalea... tus finanzas están menguando... tu alegría se agota y te duele el corazón... tu inseguridad está por las nubes y el miedo te abruma... no puedes ver el camino correcto... corre a los brazos de Dios. Él es tu refugio en los malos momentos que te depara la vida.

No hay nada que Él no pueda arreglar, ningún problema que Él no pueda vencer por ti. Nadie como Dios tiene la capacidad de restaurar la belleza a partir de las cenizas de tus circunstancias. Y es tu fe en Él la que desata su maravilloso poder en tu situación. Puede que tus familiares y amigos te amen mucho y tengan las mejores intenciones, pero ellos no son tu Salvador. Pueden esforzarse por darte un espacio seguro, pero no pueden caminar contigo como el Señor. No hay sustituto para Él.

Padre, gracias por ser una casa segura para los cansados, para mí. Muchas veces quiero rendirme y apartarme, pero siempre vuelvo a ti. Dame el valor para llamar a tu puerta en los momentos difíciles que me trae la vida. En el nombre de Jesús, amén.

SATURADA DE ORACIÓN

No se preocupen por nada, más bien pídanle al Señor lo que necesiten y agradézcanle siempre. La paz de Dios hará guardia sobre todos sus pensamientos y sentimientos porque ustedes pertenecen a Jesucristo. Su paz lo puede hacer mucho mejor que nuestra mente humana.

FILIPENSES 4.6-7 PDT

Es la fe en acción. Es un llamado a poner todos los huevos en la misma cesta, un reto a enfocar tus preocupaciones en una sola dirección a la hora de buscar ayuda y sanidad. Es decidir creer en Dios por encima de todo. Así que, en vez de confiar en tus amigos y tu familia, en vez de confiar en tus instintos o tu sabiduría, en vez de confiar en los libros de autoayuda, te saturas de oraciones de esperanza en el Señor. Y las rocías con gratitud por lo que Él va a hacer.

Deja que Dios sea tu lugar seguro para eliminar todo miedo y frustración. Entrégale los detalles escabrosos de la situación. Desahoga con confianza cómplice el dolor de tu corazón. Vacíate de todo momento decepcionante y de toda expectativa incumplida. Deja que todo salga mientras sumerges tu corazón roto en su presencia a través de la oración, y luego deléitate en la incomparable paz que te dará.

Padre, perdóname por no acudir a ti primero cuando estoy preocupada. ¡Ayúdame a recordar que tú siempre estás disponible! En el nombre de Jesús, amén.

MUCHO MEJOR

Es mejor refugiarse en el Señor
que confiar en la gente.
Es mejor refugiarse en el Señor
que confiar en los poderosos.
Salmos 118.8-9 PDT

¿En quién pones tu fe? Tal vez sea en tu marido o tu novio, tus padres, tus abuelos o algún otro familiar. Tal vez confíes en un partido político o en un grupo activista, creyendo en sus promesas de cambio. Podría ser un predicador o un escritor. Tal vez sea una determinada cadena de noticias o plataforma de redes sociales. Incluso puede ser un famoso de Hollywood, un personaje de los *realities* o una estrella de la música. Ten cuidado, amiga. Ninguno de ellos es comparable con el Señor.

El salmista tiene la perspectiva correcta. Él sabe quién es digno de nuestra confianza y quién no. Eso no significa que sean malas personas; solo significa que están limitadas por su humanidad. No pueden hacer demasiado. Por mucho que intenten ser la voz de la razón, son tan imperfectos como nosotras. Y cuando depositamos nuestra fe en ellos y en sus palabras, al final nos defraudan. Es inevitable. Digamos como el salmista y creamos que Dios es mucho mejor que todo lo que el mundo puede ofrecer.

Padre, tú eres digno de mi confianza. Solo tú eres completamente fiel. En el nombre de Jesús, amén.

FIJA TU ATENCIÓN EN DIOS

Por tanto, hermanos míos, les ruego por la misericordia de Dios que se presenten ustedes mismos como ofrenda viva, santa y agradable a Dios. Éste es el verdadero culto que deben ofrecer. No vivan ya según los criterios del tiempo presente; al contrario, cambien su manera de pensar para que así cambie su manera de vivir y lleguen a conocer la voluntad de Dios, es decir, lo que es bueno, lo que le es grato, lo que es perfecto.

ROMANOS 12.1-2 DHH

Vivir una vida llena de fe puede reducirse a un enfoque intencional: *fijar tu atención en Dios*. Si haces que esa sea tu misión —la fuerza motriz de tu forma de vida—, serás transformada de las maneras más hermosas. Eso permitirá a Dios sacar lo mejor de ti, madurar tu fe hasta convertirla en algo poderoso. Y la única manera de llevarlo a cabo cada día es con la ayuda del Señor. Es algo que tendremos que pedir. Sé la clase de mujer que procura una vida recta y una obediencia fiel.

Padre, ayúdame a fijar mi atención en ti cada día para que pueda profundizar en mi fe. Mi foco está en ti. En el nombre de Jesús, amén.

CON RAÍCES PROFUNDAS

Pero bendito el hombre que confía en mí, que pone en mí su esperanza. Será como un árbol plantado a la orilla de un río, que extiende sus raíces hacia la corriente y no teme cuando llegan los calores, pues su follaje está siempre frondoso. En tiempo de sequía no se inquieta, y nunca deja de dar fruto.

JEREMÍAS 17.7-8 DHH

¿Alguna vez has querido ser feliz? Con tanto estrés y conflictos que nos agobian, la felicidad parece escaparse de nuestras manos hagamos lo que hagamos. Probamos todos los trucos, como comer correctamente, hacer ejercicio con regularidad, practicar meditación relajante, asistir a reuniones sociales y pronunciar autoafirmación ante el espejo. Pero todo eso se queda corto y nos quedamos insatisfechas. Pero hay una manera de encontrar la felicidad, basada en las Escrituras. ¿Lo has visto en la lectura de hoy?

Si renuncias al control y confías en el Señor, encontrarás la felicidad. Tus raíces de fe serán tan profundas que nada te hará tambalear. No te podrán robar la felicidad y el gozo porque están firmemente plantados en tu corazón. Ya sea en un valle o en la cima de una montaña, en la abundancia o en la escasez, no te encontrarás en una montaña rusa emocional. Es la mano de Dios a través de tu fe la que te mantendrá firme.

Padre, ayúdame a confiar en ti por encima de todo. Haz que crezcan las raíces de mi fe en la tierra de tu bondad. En el nombre de Jesús, amén.

ELEGIR NO TEMER

Nunca le asalta el temor
de recibir malas noticias,
pues confía en Dios
de todo corazón.
Salmos 112.7 tla

A veces recibimos noticias que nos doblegan. Nos dan un puñetazo en el estómago y nos quedamos aterrorizadas por lo que pueda venir. Nuestra ansiedad se dispara, el corazón se nos acelera, nos enfermamos del estómago, empezamos a sudar y nos asustamos. Qué sensación tan horrible. La verdad es que el miedo no es poca cosa, ¿no es así? Puede hacernos llorar o impedirnos avanzar. Puede hacer que se nos nuble el cerebro cuando luchamos con las decisiones a tomar. ¿Cómo reaccionas cuando recibes malas noticias?

¿Y si decidieras detener en seco el miedo acudiendo a Dios inmediatamente? ¿Y si en lugar de repetir ese camino, esta vez eligieras confiar en la soberanía del Señor y poner en marcha tu fe, confiada en que Dios siempre obra para tu bien? ¿Y si le pidieras paz para calmar tu temor angustiado y el valor necesario para confiar en lugar de temer?

Padre, dame la clase de fe que hace falta para elegir la fe antes que el miedo. Cuando las malas noticias me derriben, ¿puedes darme el valor para volver a levantarme confiando en tu plan? En el nombre de Jesús, amén.

ESPERAR CON FE

Pero los que confían en Dios siempre tendrán nuevas fuerzas. Podrán volar como las águilas, podrán caminar sin cansarse y correr sin fatigarse.

Isaías 40.31 TLA

En un mundo que predica ve, ve, ve... es difícil encontrar los recursos para tomarse un respiro y descansar. Basta con echar un vistazo a nuestros calendarios para darnos cuenta de lo ajetreadas que se han vuelto nuestras vidas. ¿Alguien se puede permitir ya días de pereza? Sinceramente, aunque hiciéramos hueco para uno aquí y allá, nos sentiríamos culpables. Nos preocupaba no ser lo bastante productivas. En algún momento empezamos a relacionar nuestras apretadas agendas con nuestro sentido de la valía. Cuanto más ocupada, más importante.

Pero Dios conoce el valor de la espera. Y cuando elegimos esperar a que se desarrolle su plan antes de saltar a la acción, hay recompensa. Él nos incentiva para que confiemos. Dios recompensa nuestra fe. Y cuando le damos al Señor lugar para que actúe en nuestra situación, recibimos nuevas fuerzas, un poder renovado y una resistencia inigualable para lo que nos espera.

Padre, dame sabiduría para esperar en ti. Ayúdame a ver el valor de confiar en tu tiempo en todas las cosas. Me gusta hacer las cosas, así que necesitaré que me recuerdes con ternura que simplemente espere en fe. En el nombre de Jesús, amén.

CONFIAR EN ÉL ANTES QUE EN EL MUNDO

Unos cuentan con sus carros de guerra y otros cuentan con sus caballos; pero nosotros contamos con el Señor nuestro Dios. A ellos se les doblan las rodillas, y caen, pero nosotros seguimos firmes y en pie.
SALMOS 20.7-8 DHH

Es muy peligroso poner tu confianza en las cosas de este mundo. Aunque a veces sus ofertas parezcan buenas, y sus promesas se cumplan a rajatabla, la realidad es que no hay nada terrenal que pueda cumplir las expectativas. Puede que tus amigos tengan las mejores intenciones de ayudarte. Tu familia puede garantizar su lealtad y sacrificio. Y puede que creas en los remedios y soluciones que muchos dicen que están probados en el tiempo y que no tienen fallos. Pero todos te decepcionarán en un momento u otro. Aquí nada es seguro.

Ancla tu fe en el Señor. Deja que sea Él a quien te aferres cuando la vida te traiga problemas. Dios es siempre fiable y digno de confianza y nunca te fallará. Él es fiel todos los días y de todas las maneras. Y cuando crees en sus promesas de salvar y sanar, no sales defraudada.

Padre, ayúdame a recordar que el mundo no tiene nada fiable a lo que pueda aferrarme. Dame la perspectiva correcta para que no ponga mi esperanza en cosas que no pueden cumplir las expectativas. Quiero confiar en ti antes que en el mundo. Quiero que mi fe descanse solo en ti. En el nombre de Jesús, amén.

FIJAR EL CORAZÓN EN SUS PROMESAS

Confía en el Señor y haz el bien; vive de la tierra que Dios te dio y haz tu trabajo con seguridad. El Señor te da gozo, disfrútalo, y él te dará lo que más deseas.

Salmos 37.3-4 pdt

El versículo de hoy puede ser fácil de leer, pero hay que ser valiente para cumplirlo. Vivir de este modo es una elección deliberada que a menudo va contra el sentido común. Pero activar así tu fe es esencial para encontrar la paz en un mundo de locos.

El reto es aferrarse a las promesas de Dios y no soltarlas nunca. Para fijar tu corazón en Él tienes que alejar los pensamientos negativos de desesperanza y creer en el Señor pase lo que pase. Eso te obliga a aferrarte a tu fe —aunque sea del tamaño de un grano de mostaza— cuando todos y todo a tu alrededor te sugieren que no lo hagas. Es renunciar a la tendencia a controlar el resultado y recordar todo lo que Dios te ha dicho. Pero cuando lo hagas, sentirás una sensación de seguridad incomparable.

Padre, es fácil vivir para mí misma y hacer lo que yo quiero. Pero ahora tengo el reto de volver a enfocar mi corazón en ti, a tratar de vivir mi fe con propósito y pasión. Ayúdame a cambiar mi mirada para que descanse en tu fidelidad y no en mi egoísmo. En el nombre de Jesús, amén.

EL PODER DEL CUÁNDO

El Señor me da fortaleza y es mi escudo.
Mi corazón está dichoso porque él me ayudó,
y ahora lo alabo con mis canciones.
El Señor le da fortaleza a su pueblo
y protege a su rey elegido.
Salmos 28.7-8 PDT

Fíjate en la seguridad del salmista en el pasaje de hoy. Es un claro indicio de que tenemos que participar en lo que viene. Nos está diciendo que antes de que se cumpla la promesa, tenemos seguridad de su cumplimiento y, por tanto, un papel que desempeñar. Hay algo importante de nuestro lado que desencadena la bendición del Señor. Como en cualquier relación, hacen falta dos para bailar un tango. ¿Amén?

Dios promete traer ayuda cuando pones toda tu fe en Él. No es que Él necesite que lo animes a intervenir. No tienes que convencer a tu Padre celestial para que se involucre en tu vida. En realidad, Él necesita que estés rendida y atenta a su mano en tu situación.

Padre, reconozco que tú eres mi fortaleza y mi escudo. Comprendo que te necesito en mi vida. Pero a veces necesito ayuda para poner toda mi fe en alguien que no sea yo misma. Dame valor para ceder el control mientras espero que tú cumplas todas tus promesas. En el nombre de Jesús, amén.

FE RESPALDADA

De igual manera, el Espíritu nos ayuda en nuestra debilidad. Porque no sabemos orar como es debido, pero el Espíritu mismo ruega a Dios por nosotros, con gemidos que no pueden expresarse con palabras. Y Dios, que examina los corazones, sabe qué es lo que el Espíritu quiere decir, porque el Espíritu ruega, conforme a la voluntad de Dios, por los del pueblo santo. Sabemos que Dios dispone todas las cosas para el bien de quienes lo aman, a los cuales él ha llamado de acuerdo con su propósito.

Romanos 8.26-28 dhh

El Espíritu Santo es asombroso. Él es quien hace crecer y florecer nuestra fe y nuestra confianza en Dios. Cuando nos sentimos cansadas, Él está ahí. Cuando queremos rendirnos, el Espíritu Santo nos ayuda. Y cuando ni siquiera tenemos palabras para orar o no sabemos qué pedir, es el Espíritu quien intercede por nosotras ante el Padre. Como Él nos conoce mucho mejor que nosotras mismas, tiene una visión única de nuestras necesidades.

Tu fe está respaldada, siempre lo ha estado y siempre lo estará. Considéralo un esfuerzo grupal con el cielo. Y no importa el tamaño de tu fe, el Espíritu Santo marca la diferencia. Deja que esta verdad se filtre en los rincones de tu corazón cuando sientas que tu fe no es lo suficientemente buena.

Padre, ¡gracias porque el Espíritu Santo actúa en mi vida! En el nombre de Jesús, amén.

LA TRAMPA DEL QUÉ DIRÁN

El miedo a los hombres es una trampa,
pero el que confía en el Señor estará protegido.
PROVERBIOS 29.25 DHH

Hay pocas cosas tan peligrosas como preocuparse por lo que piensen de ti. Cuando te enfocas en eso, ahí es donde depositas tu fe. Decides que si cierta persona aprueba tus decisiones, entonces lo estás haciendo bien. Si aprueban tu forma de criar a los hijos, es que vas por buen camino. Si recibes elogios por cómo has manejado las dificultades, eso debe de significar que eres una superestrella. En el fondo, estás permitiendo que la opinión de otros se convierta en lo que mide tu valía. Pero, amiga mía, no es a ellos a los que tienes que impresionar.

Cuando, por el contrario, pones a Dios en primer lugar en tu vida, preocupada más por vivir una vida recta que por agradar a los demás, tu fe actúa como un escudo de protección frente a las opiniones del mundo. Eso te quita el temor a defraudar a los demás. Te quita cualquier poder que puedan tener sobre tus decisiones. Y corrige tus prioridades. Querer vivir en una comunidad vivificante con otras personas es algo noble, pero no puede ser tu fin supremo. El que murió en el Calvario es el único en el que vale la pena que pongas tu fe.

Padre, ayúdame a alejarme de la trampa del qué dirán. Siento un gran deseo de complacer a los demás. Por favor, mantén mis ojos y mi corazón puestos solo en ti. En el nombre de Jesús, amén.

REFUGIADA EN SUS BRAZOS

Mi victoria y mi honor provienen solamente de Dios; él es mi refugio, una roca donde ningún enemigo puede alcanzarme. Oh pueblo mío, confía en Dios en todo momento; dile lo que hay en tu corazón, porque él es nuestro refugio.

Salmos 62.7-8 ntv

Pocas imágenes podemos evocar tan poderosas como la de sentirse refugiada en los brazos de Dios. Cuando estamos agobiadas por la vida y sentimos el peso de la desesperanza, saber que tenemos un lugar seguro marca toda la diferencia. ¡Saber que somos amadas es importante!

Hace falta fe para creer que este tipo de amor y compasión son posibles. Confiar realmente en que Dios es el fundamento de tu vida en todos los sentidos y que solo desea tu bien es, a menudo, difícil de creer. Y luego tener confianza en que Él te sacará del caos parece a veces un sueño imposible. La fe es elegir creer a pesar de todo. Es elegir abrir tu corazón a Él sin importar nada. Y salir de tu zona de confort para confiar en Él se recompensa con salvación y sentido.

Padre, imaginarme en tu regazo y envuelta en tus fuertes brazos me reconforta mucho. A veces me siento sola e inútil, abrumada por el estrés y los problemas a los que me enfrento. Saber que mi fe abre tus bendiciones significa mucho para mí. En el nombre de Jesús, amén.

¿EN QUIÉN CONFÍAS?

El amor al dinero es causa de pleitos. Confía en Dios, y prosperarás.
El necio confía en sí mismo; el sabio se pone a salvo.
PROVERBIOS 28.25-26 TLA

Hay mucha sabiduría en estos proverbios. Contrastan muy bien las diferencias entre confiar en el Señor y depender de una misma. Cada día tienes que tomar este tipo de decisión un millón de veces. En cada situación en que te encuentres, en cada problema al que te enfrentes, en cada reto que se te presente, tú decides si tu fe estará anclada en Dios o en tu propia humanidad.

Las Escrituras nos dicen que cuando elegimos confiar en Dios en lugar de reclamar el control, encontramos el éxito, incluso si el éxito no es como los habíamos imaginado. Seremos protegidas y rescatadas. Pero si no lo hacemos, si seguimos adelante ejerciendo nosotras el poder, seguro que nos vendrán problemas. Seremos insensatas e imprudentes. Decidamos ser mujeres llenas de fe en el Señor, que confían en su plan para nuestra vida.

Padre, gracias por hacerme inteligente y capaz. Y en la misma línea, gracias por hacerme incapaz de vivir adecuadamente mi vida sin tu ayuda. Conociendo mis limitaciones, no quiero depender de mí misma. En cambio, quiero depositar plenamente mi fe en ti. En el nombre de Jesús, amén.

UNA INVITACIÓN A CONOCERLE MEJOR

El buen administrador prospera;
¡Dios bendice a quienes en él confían!
Proverbios 16.20 tla

La Palabra de Dios es una invitación a conocerle mejor. Es a través de la Biblia como el Señor se te revela. Así es como Él te enseña cómo es una vida recta y te forma para vivir y amar debidamente. Es a través de la Palabra como se te desafía a elegir un camino diferente. La Biblia está llena de poderosas verdades que están ahí para hacer que tu vida se llene de pasión y propósito. Y lo que es más, es una Palabra viva y relevante para todas y cada una de las situaciones a las que te enfrentas.

Cuando dejas que la Biblia guíe tus pasos, tu fe echa raíces profundas a la vez que vas aprendiendo sobre el Dios al que sirves. Seguir los consejos de sus páginas enriquecerá tu vida a todos los niveles. Y eso no solo agrada al Señor, sino que te aporta una felicidad duradera capaz de resistir hasta las tormentas más fuertes que puedan cruzarse en tu camino. Deje que la fe sea tu fuerza motriz para afrontar los retos de la vida.

Padre, gracias por la Palabra. Estoy muy agradecida por tener un recordatorio tangible de tu fidelidad. Quiero que sea mi fuente de referencia para una vida recta, el lugar donde encuentre verdad e instrucción cada vez que abra sus páginas. ¡Úsala para hacer crecer mi fe! En el nombre de Jesús, amén.

EMPEZAR POR LA FE

Hazme oír cada mañana acerca de tu amor inagotable, porque en ti confío. Muéstrame por dónde debo andar, porque a ti me entrego.
Salmos 143.8 NTV

¿Qué es lo primero que haces por la mañana? Quizá sea lavarte los dientes o ducharte. Tal vez te ates los cordones de los zapatos y salgas a dar un paseo o a correr, o agarres el celular y te pongas a revisar todas las notificaciones que te han ido llegando en la noche. ¿O vas a la cocina para tomar tu desayuno favorito? Pero ¿y si tu rutina matutina empezara con el Señor?

Todos sabemos que lo que se hace por la mañana marca la pauta del día. Importa. Y cuando te pones de acuerdo con Dios antes de comenzar con el ajetreo, ¡estás tomando la sabia decisión de prepararte para lo bueno! Es la decisión de activar tu fe como escudo de protección para lo que el día pueda depararte. Y el Señor honrará esa decisión de maneras que ni siquiera puedes imaginar. Levántate y brilla y elige comenzar con fe.

Padre, quiero prepararme para tu bondad y generosidad cada día. Al despertar cada mañana, recuérdame que mi corazón esté en buena sintonía contigo. Haz que comience mi día con oración y acción de gracias. ¡Y que eso sea lo que guíe el resto de mis actividades! En el nombre de Jesús, amén.

POR QUÉ NO ENTRAMOS EN PÁNICO

No tengas miedo, pues yo estoy contigo; no temas, pues yo soy tu Dios. Yo te doy fuerzas, yo te ayudo, yo te sostengo con mi mano victoriosa.

Isaías 41.10 DHH

Muy a menudo, al recibir noticias estremecedoras entramos en pánico. Cuando nuestros sentimientos más profundos hacia alguien o algo quedan al descubierto, nos ponemos nerviosas. Nuestras inseguridades asoman y nos provocan ansiedad y miedo. Cuando empezamos a anticipar nuestra situación, presagiando resultados y finales horribles, puede ser perturbador. El pánico es una respuesta a la imprevisibilidad de la vida.

La verdad es que no siempre podemos mantenerlo a raya. Tiene una habilidad especial para acercarse sigilosamente y mordernos. ¿Pero sabes qué podemos hacer? Podemos ser rápidas para verlo y aún más rápidas para llevar esa inquietud al Señor. Él es el único que puede calmar nuestros nervios y afianzar nuestro fundamento. Cuando creemos con fe que Él es el antídoto divino contra el pánico que a menudo sentimos, encontramos aguas calmadas en la tormenta.

Padre, gracias por abrir un camino para que el pánico no tenga que hundirnos. Puede que no siempre sea capaz de detener la ansiedad cuando entra en mí, pero puedo activar mi fe clamando por tu ayuda. Por favor, mantenme firme. Por favor, sigue a mi lado. ¡Te necesito! En el nombre de Jesús, amén.

ÉL TE RECONOCE

Nuestro Dios es bondadoso
y cuida de los que en él confían.
En momentos de angustia,
él nos brinda protección.
NAHÚM 1.7 TLA

Tu disposición a ejercer tu fe no pasa desapercibida. Cuando decides levantarte y confiar en el Señor en cuanto a tu situación, Él lo ve. Dios siempre te observa, no de un modo que inspira temor, sino protección. Sus ojos nunca se desvían de ti, cariño. Tu Padre que está en los cielos fija su mirada en su excelente creación... y tú estás incluida en ella.

Cada vez que pones en marcha tu fe, eso complace al Señor. Su corazón se deleita al saber que elegiste creer en su plan por encima del tuyo. Dios es fiel y digno de total confianza, y espera que clames a Él para pedir fortaleza en los tiempos difíciles. ¿Por qué no dejar que el Señor sea tu refugio en esos momentos en que te sientes atacada? Deja que Él sea tu fortaleza cuando te sientas débil. Deja que Él te cuide cuando tengas miedo. Cada vez que confías en Dios, Él reconoce la fe que usaste para ello.

Padre, sé que tú eres bueno y digno de confianza. Sé que lo que deseas para mí siempre es bueno. Dame el valor de ejercitar mi fe en tiempos de necesidad en lugar de confiar en mí misma. Y gracias por no ignorarme todas las veces que te pido ayuda. En el nombre de Jesús, amén.

EL RETO DE CONFIAR PLENAMENTE

La gente hace planes,
pero sólo el Señor puede hacerlos realidad.
Cada cual cree que lo que hace está bien,
pero el Señor es quien califica las intenciones.
Pon en manos del Señor todo lo que haces,
para que tus planes se hagan realidad.
Proverbios 16.1-3 PDT

Dios te dio una mente creativa, llena de ideas y capaz de hacer planes para el futuro. Él alienta los avances y le encanta ver a sus hijos aceptando sus dones. A Dios le encanta que sueñes con lo que podría ser. Se deleita en tu entusiasmo por lo que puede ser. Así que, ¡no te desprendas de tus sueños y esperanzas!

Pero al mismo tiempo, elige buscar su sabiduría. Ten fe y pide al Señor que confirme tus próximos pasos. Pídele que muestre su favor hacia ti. Deja que Él examine tu corazón y tus motivos, que se asegure de que están en sintonía con su voluntad. Dios te da la libertad de planificar a la vez que te desafía a confiar en Él.

Padre, a veces creo que lo sé todo. Estoy enamorada de mis opiniones e ideas. Pero por encima de eso, quiero anhelar estar en tu voluntad. Dame la seguridad para tomar decisiones para mi futuro y la fe para seguirte pase lo que pase. En el nombre de Jesús, amén.

¿EN QUIÉN VAS A CONFIAR?

Maldito aquel que aparta de mí su corazón, que pone su confianza en los hombres y en ellos busca apoyo. Será como la zarza del desierto, que nunca recibe cuidados: que crece entre las piedras, en tierras de sal, donde nadie vive.

JEREMÍAS 17.5-6 DHH

Oh, amiga, por favor, no te pierdas la fuerte advertencia que estos versículos te dan. El texto no tiene pelos en la lengua. Este pasaje de la Escritura no es confuso ni está sujeto a interpretación. No hay forma de suavizar esta verdad para que sea más aceptable. Y por fe, estaríamos llenas de sabiduría y discernimiento para vivir esto cada día.

Jeremías nos prepara para el bien alejándonos de una trampa común en la que todas hemos caído de vez en cuando. Él conoce el índice de fracaso de quienes deciden poner su confianza en la humanidad por encima de Dios. Él entiende todas las formas en que nos caemos de bruces cuando dependemos de las personas para respuestas que deberíamos buscar en el Señor. Él ve la aguda desesperanza que experimentaremos si ignoramos la ayuda del Señor al intentar desenvolvernos lo mejor que podemos por la vida. Dios no es un elemento inerte que haya que ignorar. ¡Es un consejo sólido que hay que abrazar!

Padre, haz crecer mi fe para que tú seas mi alternativa primera. Quiero que tú seas mi primer lugar de ayuda cuando esté necesitada. En el nombre de Jesús, amén.

HACE FALTA CORAJE Y GRACIA

Mis enemigos y vecinos me desprecian; mis parientes me tienen miedo.
Me evitan cuando me encuentran por la calle.
La gente me ha olvidado por completo; es como si
hubiera muerto, o como si fuera un plato roto.
Escucho lo que dicen en voz baja, y siento una angustia terrible.
Se juntan, hacen muchos comentarios y planean matarme.
Pero yo confío en ti Señor; yo digo: «Tú eres mi Dios».

Salmos 31.11-14 PDT

Dios te ama. Puede que otros no, pero Él siempre te ha amado y siempre te amará. Habrá muchas ocasiones en tu vida en las que el versículo de hoy describirá bien cómo te sientes. Tal vez ya lo describe. La vida nos golpea y nos hace dudar de nuestra valía. Puede doblegar nuestra resistencia cuando lidiamos con nuestra bondad. Y hay personas mezquinas que no dudan en soltar palabras de odio cuando no dejamos de estar bajo su favor. Se necesita coraje y gracia para caminar por esta vida. Y hacen falta muchas decisiones de fe para no dejar que nos desanimen.

Padre, estoy cansada de sentirme zarandeada por las circunstancias y las personas. Estoy cansada de lidiar con el odio. ¿Puedes consolarme y animar mi corazón cansado? ¿Puedes recordarme quién soy para ti? En el nombre de Jesús, amén.

CUANDO LAS AMISTADES TE TRAICIONAN Y SE ROMPEN

Quien antes era amigo, ataca ahora y no cumple sus promesas.
Recurren a palabras tan blandas como la mantequilla, pero
en realidad en su mente están planeando la guerra.
Emplean palabras suaves como el aceite, pero en
realidad son espadas desenvainadas.
Confía al Señor todas tus preocupaciones, porque él cuidará de ti;
él nunca permitirá que el justo quede derribado para siempre.
Salmos 55.20-22 PDT

Es probable que alguna vez una amistad se te haya ido al traste. Tal vez era una amiga que pensabas que estaría ahí en las buenas y en las malas. Tal vez era alguien que había atravesado situaciones difíciles a tu lado, ayudándote a sortearlas con seguridad. O tal vez era alguien que había cuidado de tu corazón tanto como tú del suyo. Las amistades son muy importantes y duele perderlas.

Dios conoce el valor de la comunidad porque nos creó para ella. Y cuando nos enfrentamos a una traición o a una ruptura con amigos, Él promete poner su consuelo donde está nuestro dolor. Cuando llevamos nuestro dolor a Él, el Señor dice que nos fortalece y nos da gracia. Deja que Él cuide de tu corazón roto.

Padre, te pido tu sanidad sobrenatural. Necesito reposar en tu regazo para consolarme. Por favor, ayúdame. En el nombre de Jesús, amén.

LUCHA COMO UNA HEROÍNA

Ayúdanos a derrotar al enemigo,
pues la ayuda del ser humano es inútil.
Con Dios conseguiremos la victoria;
él pisoteará a nuestros enemigos.
SALMOS 60.11-12 PDT

Cuando luchas como una heroína, significa que lo haces desde una posición de fuerza. Te defiendes con confianza, sabiendo que al final saldrás victoriosa. Eso significa que muestras gran valentía, aunque la situación te dé miedo y las probabilidades no te sean favorables. Luchar como una heroína es algo que solo puede hacerse con fe.

¿En qué aspectos de tu historia tienes que ser la protagonista? ¿En qué relación te cuesta luchar con convicción? ¿Dónde necesitas de resistencia para lo que te espera? Todas las soluciones en estos ámbitos te las dará el Señor. Muchas veces confiamos en nuestras propias fuerzas o en la fuerza de otros para arreglar las cosas, pero la Biblia nos dice que esa es una esperanza vacía. La razón por la que podemos luchar como heroínas, seguras de que nos aguarda la victoria es Dios.

Padre, dame valor para luchar como una heroína por mí y por los que me importan. Edifica mi confianza en ti para tú que seas mi fuente de seguridad. Ayúdame a mantenerme firme en la fe cuando la vida se complique, y a no acobardarme. Confío en ti para que me des todo lo que necesito para vivir en victoria. En el nombre de Jesús, amén.

¡AYÚDAME CON MIS DUDAS!

Jesús le preguntó al padre: —¿Desde cuándo le sucede esto?
El padre contestó: —Desde que era niño. Y muchas veces ese espíritu lo ha arrojado al fuego y al agua, para matarlo. Así que, si puedes hacer algo, ten compasión de nosotros y ayúdanos.
Jesús le dijo: —¿Cómo que «si puedes»?
¡Todo es posible para el que cree!
Entonces el padre del muchacho gritó: —Yo creo. ¡Ayúdame a creer más!
MARCOS 9.21-24 DHH

Este padre necesitaba ayuda desesperadamente. Su hijo había sido poseído por un demonio por años, y buscaba a Jesús para que lo expulsara y pudiera ser libre. Podemos suponer que este hombre oyó historias de sanidades y por eso lo buscó. Tenía fe en que Jesús podía hacer algo milagroso. Creía que el Señor podía hacer lo que otros no habían hecho, y sabía que Jesús era la última esperanza para su hijo.

Dios mostró su gracia al incluir esta historia en la Biblia porque habla directamente de nuestra duda. Podemos saber desde la distancia que Dios es todopoderoso y omnisciente, pero a veces la historia puede ser diferente cuando se convierte en algo personal. Tenemos una fe completa hasta que necesitamos tener una fe completa para nuestra situación. ¿Amén? Cuando empieces a dudar de que Él te va a ayudar, pídele a Dios que aumente tu fe.

Padre, ¡ayúdame con mis dudas! En el nombre de Jesús, amén.

LA FE PARA ACUDIR A ÉL

El Señor protege a los que en él confían; todas sus promesas son dignas de confianza. No añadas nada a lo que él diga; de lo contrario, te puede reprender y te hará quedar como mentiroso.
PROVERBIOS 30.5-6 DHH

Algunas luchas a las que nos enfrentamos nos hacen ir a rastras hacia el Señor en busca de ayuda. Nos agobian las inseguridades o el miedo, y nos desmoronamos. Y a veces vamos al Señor con nuestros problemas. Aún no sentimos la urgencia, pero sabemos que en algún momento necesitaremos su ayuda, así que empezamos a dirigirnos hacia Él. Pero también hay veces en que acudimos porque sabemos que Dios es nuestra única esperanza, y estamos desesperadas.

¿Y si en lugar de ir a rastras, acudiéramos corriendo cada vez que necesitamos la ayuda del Padre? ¿Y si dejamos que sea Él la primera voz que nos hable en nuestra situación? ¿Y si tuviéramos la fe suficiente para poner en sus manos todo lo que amenaza nuestra paz? ¿Y si creyéramos que sus promesas son reales y verdaderas, y para nosotras? ¿Y si eligiéramos ser mujeres que corren hacia el Señor en busca de protección, confiando en que Él satisfará nuestras necesidades? Elijámoslo.

Padre, quiero que cuando la vida se pone difícil tú seas mi destino. Quiero que cuando tenga miedo o me sienta insegura tú seas mi primer pensamiento. Dame la confianza para acudir a ti en busca de ayuda y esperanza. Haz crecer mi fe. En el nombre de Jesús, amén.

SIN CAMBIOS

Jesucristo es el mismo ayer, hoy y siempre.
Hebreos 13.8 ntv

Vivimos en un mundo en constante cambio. Aprender a ser flexible y a dejarse llevar por la corriente es una habilidad vital para la vida, porque no parece que haya nada inalterable. Quizá pensabas que tu matrimonio era para siempre, pero llegó el divorcio. Tal vez estés deseando encontrar pareja, pero sigues igual. O quizá tu trabajo se ha transformado en algo que no te gusta. Tal vez la relación con tus hijos ya no sea tan buena como antes, o tu examen médico anual muestre un cambio significativo en tu salud. En este mundo, el cambio es inevitable.

Es maravilloso saber que Dios es inmutable. Él es el mismo ayer, hoy y mañana, lo cual te da estabilidad. Eso significa que su amor por ti no es condicional. Sus planes para tu vida no se tambalean. Su capacidad de intervención no se ve afectada por nada ni nadie. Su soberanía no puede desaparecer. Y el estado de ánimo de Dios no se ve afectado por el estado del mundo. Eso significa que puedes anclar confiadamente tu fe en el Señor, sabiendo que Él es digno de confianza en todos los aspectos de tu relación con Él.

Padre, gracias por darme estabilidad en un mundo en constante cambio. Gracias por ser un refugio seguro para mi corazón. En el nombre de Jesús, amén.

EL LLAMADO AL AMOR

Sigan amándose unos a otros como hermanos. No se olviden de brindar hospitalidad a los desconocidos, porque algunos que lo han hecho, ¡han hospedado ángeles sin darse cuenta! Acuérdense de aquellos que están en prisión, como si ustedes mismos estuvieran allí. Acuérdense también de los que son maltratados, como si ustedes mismos sintieran en carne propia el dolor de ellos.

HEBREOS 13.1-3 NTV

Hace falta fe para tener este tipo de amor, sobre todo cuando no sentimos que lo merezcamos. A menudo, preocuparse por los que nos rodean puede parecer más una tarea o un deber que un deseo. Hay días en los que la única manera de tener este tipo de sentimientos es con la ayuda del Señor.

Pero, como Dios nos amó primero, ahora podemos hacerlo extensivo a los demás. Por nosotras mismas, somos incoherentes y condicionales. Nos dejamos llevar fácilmente por nuestro estado de ánimo o por sus carencias. Pero cuando activamos nuestra fe y pedimos su ayuda para cuidar de los que nos rodean, podemos mostrar hospitalidad y bondad. La fe nos ayuda a no juzgar a los demás, a decidir quién merece nuestro tiempo y quién no. Y nos permite reconocer el valor de la compasión y el perdón. Pídele a Dios su ayuda para amar.

Padre, necesito tu ayuda para amar debidamente a los demás. Haz crecer mi fe en ti para que el amor fluya con naturalidad. Y ayúdame a ver a los demás a través de tus ojos. En el nombre de Jesús, amén.

CON LIBERTAD Y VALENTÍA

Les escribo esto a ustedes que creen en el Hijo de Dios, para que sepan que tienen vida eterna. Tenemos confianza en Dios, porque sabemos que si le pedimos algo conforme a su voluntad, él nos oye. Y así como sabemos que Dios oye nuestras oraciones, también sabemos que ya tenemos lo que le hemos pedido.
1 Juan 5.13-15 dhh

Si has aceptado a Jesús como tu Salvador personal, creyendo que Él es el Hijo de Dios que murió por tus pecados, tienes vida eterna. Tienes asegurada tu eternidad. Y gracias a esa fe, puedes pedirle al Señor lo que necesitas con libertad y valentía. No tienes que preocuparte por si Él está demasiado ocupado para escucharte. No tienes que preocuparte por si estás a la altura o no. Y no hay frase ni momento del día perfectos para orar. Qué alivio.

Amiga, sigue adelante y sueña en grande; pide con valentía lo que tu corazón desea. No hay petición demasiado grande, demasiado pequeña o demasiado extraña. Puedes estar segura de que Él escucha tus oraciones. Dios siempre escucha. Y como sabe lo que es mejor para ti, Dios responde en consecuencia. Tu parte es preguntar y luego confiar en que su respuesta es la mejor porque lo que quiere el Señor para ti siempre es bueno.

Padre, ¡gracias por la libertad para orar con audacia y libertad! En el nombre de Jesús, amén.

UN BELLO ACTO DE ADORACIÓN

Por tanto, hermanos míos, les ruego por la misericordia de Dios que se presenten ustedes mismos como ofrenda viva, santa y agradable a Dios. Éste es el verdadero culto que deben ofrecer.
Romanos 12.1 DHH

Cuando vives tu vida de manera que agrada al Señor, es un hermoso acto de adoración. ¿Lo sabías? Esas veces que elegiste decir la verdad aun sabiendo que podría hacer vulnerables tu corazón y tus motivos, estabas glorificando a Dios. Cuando decidiste amar a los que no eran fáciles de amar y perdonar lo imperdonable en lugar de sentarte a juzgar, eso le complació. Cada vez que tomaste el camino correcto antes que fácil y deseado, Dios reconoció que buscabas vivir como Él quiere. Y en esos momentos en los que desviaste tus pensamientos desagradables hacia las Escrituras, evitaste que tu boca dijera malas palabras y actuaste con bondad, glorificaste al Señor.

Hace falta fe para vivir así. Es una elección diaria creer lo que su Palabra nos enseña como seguidoras suyas. Y hace falta valor para llevarlo a la práctica en todos los ámbitos de nuestra vida.

Padre, quiero que mi vida te glorifique. Quiero que mis elecciones y decisiones sean actos de adoración, que revelen mi amor y aprecio por lo que tú eres y por todo lo que has hecho en mi vida. En el nombre de Jesús, amén.

NO MOLDEADA POR EL MUNDO

No vivan ya según los criterios del tiempo presente; al contrario, cambien su manera de pensar para que así cambie su manera de vivir y lleguen a conocer la voluntad de Dios, es decir, lo que es bueno, lo que le es grato, lo que es perfecto.

Romanos 12.2 DHH

Pon tu fe en Dios, no en lo que el mundo puede ofrecerte. Es una afirmación fácil de leer, pero difícil de cumplir. ¿No estás de acuerdo? A veces parece imposible no dejarse moldear por la cultura y el ambiente de la sociedad. Nos involucramos en las tendencias, nos dejamos llevar por lo que está de moda y las novedades de las redes, y adoptamos las ideas y opiniones de lo que leemos y vemos. En el fondo, queremos encajar para sentirnos relevantes. Mantenernos ajenas al mundo es una instrucción tamaño extra que desafía cada fibra de nuestra humanidad.

Pero, para vivir en la práctica... para discernir cuál es su voluntad para nuestra vida... tenemos que mantener nuestros corazones mirando hacia Él. Debemos entrenar nuestras mentes para mantenernos centradas en sus promesas. Y cuando lo hacemos, sabemos lo que es bueno y agradable al Señor y eso saca lo mejor de nosotras.

Padre, quiero que solo tú tengas influencia sobre mi vida. En el nombre de Jesús, amén.

SU PROMESA EN AGUAS PROFUNDAS

Cuando pases por aguas profundas, yo estaré contigo. Cuando pases por ríos de dificultad, no te ahogarás. Cuando pases por el fuego de la opresión, no te quemarás; las llamas no te consumirán.

Isaías 43.2 NTV

Amiga mía, permite que este versículo te inunde hoy. Deja que traiga el consuelo que tanto necesita su espíritu cansado. Que estas palabras calmen tu corazón angustiado, pues ofrecen un poderoso recordatorio de que Dios cuidará de ti en medio de las aguas tormentosas a las que te enfrentas.

Dado que has puesto tu fe en el Señor, Él te hace promesas. Él promete estar contigo sea cual sea el tamaño de las olas que chocan a tu alrededor. Puede que aquí te sientas a la deriva, sin manos que te ayuden, pero debes saber que Dios está más cerca de lo que imaginas. Y es su presencia la que te hará resistir las aguas profundas y te dará una sensación de calma al navegar por ellas. Dios te promete que no quedarás atrapada en la resaca de las luchas a las que te enfrentas. Tus problemas no te hundirán. En cambio, Él recompensará tu fe asegurándose de que tengas todo lo que necesitas para llegar al otro lado con alegría, esperanza y fuerza.

Padre, muchas gracias por tu disponibilidad. Qué gran regalo saber que enfrente lo que enfrente, estoy en tus manos. En el nombre de Jesús, amén.

VERGÜENZA Y CULPA

No seas tacaño, Señor, con tu compasión.
Que tu fiel amor y fidelidad me guarden para siempre.
Porque se me han venido encima
muchas desgracias.
Mis pecados me han atrapado
y no puedo escapar de ellos.
Son tantos los pecados que he cometido,
que he perdido todo el valor.
Salmos 40.11-12 PDT

Cuando la vergüenza y la culpa nos sepultan, parece casi imposible levantar la cabeza hacia el Señor en busca de ayuda. Nos sentimos poco amadas y nos preocupa haber echado a Dios demasiado lejos y estar ahora fuera de su gracia. Avergonzadas por nuestras elecciones, nos escondemos de Él en lugar de activar nuestra fe y confiar en su trato de nuestro pecado.

¿Estás luchando hoy contra la vergüenza y la culpa? ¿Te sientes abrumada por las cosas que has hecho mal? La verdad es que todas cometemos errores. Todos estamos destituidos de la gloria de Dios. Pero la sangre de Jesús lo cubre todo, y eso significa que nunca estás demasiado sucia para su amor.

Padre, ayúdame a confiar en que a tus ojos soy suficiente. Quita la vergüenza y la culpa que me agobian. Abre mi corazón para que comprenda la profundidad de tu amor por mí y dame la seguridad para confiar en él. En el nombre de Jesús, amén.

UNA VEZ MÁS

Yo, en cambio, espero disfrutar
de la bondad del Señor mientras viva.
Mientras aguardan,
confíen en el Señor.
Sean fuertes y valientes,
y esperen que el Señor les ayudará.
Salmos 27.13-14 PDT

Servimos a un Dios de *una vez más*. Eso significa que no podemos agotar nuestras posibilidades con Él. Significa que siempre tendremos otra oportunidad cuando nos equivocamos. Y esto asegura el hecho de que Dios nunca nos abandonará. Él siempre se presentará, amiga. Si necesitas valor o confianza, esperanza o sanidad, o ser rescatada o restaurada, el Señor siempre estará ahí una vez más. Qué alivio saber que en un mundo lleno de promesas incumplidas y de incertidumbre desestabilizadora, puedes tener fe en la promesa de Dios de estar disponible cada vez que lo necesites.

Así que no pierdas la esperanza ni te rindas. No te impacientes ni te enojes porque su respuesta aún no se haya revelado por completo. En cambio, confía en que cada vez Él responderá en el momento adecuado con el plan adecuado.

Padre, qué consuelo saber que siempre me darás otra oportunidad. Qué regalo saber que mi caos no hará que te alejes. ¡Eso me da confianza al esperarte! En el nombre de Jesús, amén.

¿DE DÓNDE VENDRÁ?

Miro a lo alto de las montañas en busca de ayuda,
¿de dónde vendrá mi ayuda?
Mi ayuda vendrá del Señor,
el creador del cielo y de la tierra.
Dios no te dejará caer;
tu protector nunca se dormirá.
Salmos 121.1-3 PDT

¿A quién buscas para que te ayude? ¿Dependes de tu marido o tu novio para arreglar las cosas? Puede que tu mejor amiga seas tú misma. Pueden ser tus padres u otro familiar que te parezca más digno de confianza. ¿O acudes a un pastor determinado o a tu superior en el trabajo? Tal vez deposites tus esperanzas en el gobierno o en un grupo activista, o incluso en tu rutina de ejercicios, tu régimen vitamínico o los buenos genes que heredaste. La verdad es que todas ponemos nuestra fe en algo que nos salve. ¿Y tú?

Tu fe debe impulsarte a buscar la ayuda del Señor. Solo Él es tu verdadera ayuda y protección, porque es omnisciente y todopoderoso. No hay nadie por encima de Él. Nadie más capaz. Nadie tan lleno de amor. Y Él promete mantenerte cerca mientras te guía y te guarda.

Padre, sé que hay muchas opciones a las que aferrarse, ¡pero elijo poner mi fe en ti! En el nombre de Jesús, amén.

FE PARA LO IMPOSIBLE

Mantuvo firme su fe en la promesa de Dios sin dudar jamás. Cada día su fe se hacía más fuerte, y así él daba honra a Dios. Abraham estaba seguro de que Dios sería capaz de cumplir su promesa.

Romanos 4.20-21 pdt

No importa que Abraham fuera un anciano que había dejado muy atrás sus buenos tiempos y su vigor. Olvida el hecho de que hacía décadas que Sara era estéril y, según los estándares humanos, era demasiado mayor para gestar. Cuando Dios habló a Abraham y le dijo que tendría un hijo, este hombre de fe ni siquiera pestañeó. Nunca cuestionó esa promesa imposible. En cambio, Abraham se lanzó de cabeza a la bondad del favor del Señor. El versículo de hoy nos dice que nunca dejó de creer en la promesa de Dios.

¿Qué necesitarías para tener este tipo de fe? ¿El tipo de fe de los que están convencidos de que Dios cumplirá lo que ha prometido? ¿Del tipo de fe que sabes que Él puede hacer lo improbable? Pide al Señor que aumente tu disposición y capacidad de creer en Él. Pide una mayor medida de confianza y esperanza. Pide a Dios que te dé fe para lo imposible.

Padre, quiero tener fe como Abraham, convencida de tu bondad y tu poder. Perdona mis dudas del pasado. ¿Puedes ayudarme a tener una confianza inquebrantable en tu Palabra? En el nombre de Jesús, amén.

FUERZAS OPUESTAS

Cuando el ladrón llega, se dedica a robar, matar y destruir. Yo he venido para que todos ustedes tengan vida, y para que la vivan plenamente.
JUAN 10.10 TLA

Hay dos fuerzas en el mundo: el bien y el mal. Y cada día nos enfrentamos a ambas. Nuestra parte es reconocerlas y reaccionar en consecuencia. Hace falta sabiduría para conocer la diferencia y fe para saber cómo proceder.

Hay un enemigo ahí fuera que te odia porque perteneces a Dios. En realidad, odia más a Dios, pero, como no puede destruirlo a Él, va por nosotras. Así que este enemigo, Satanás, hace todo lo posible para robarte, matar tus esperanzas y sueños, y destruir tu vida. Pero el Señor vino con otras motivaciones. Él planeó una vida buena para ti. Esto no significa que todo vaya a ser fácil y que vayas a ser rica y poderosa. Significa que hallarás alegría y abundancia sean cuales sean tus circunstancias, gracias a tu fe en Dios. Y cuando el enemigo ataca, el Señor promete sacar gloria de las cenizas si confías en Él.

Padre, es difícil imaginar que Satanás me odie tanto. Y saber que sus planes son siempre para destruirme es desalentador y me aterra. Gracias por querer más para mí. Gracias por querer que mi vida rebose de tu bondad. Y gracias por ser mi Protector. En el nombre de Jesús, amén.

TEN FE

Miren a las aves del cielo, ellas no siembran ni cosechan ni tampoco guardan nada en graneros. Sin embargo, su Padre que está en el cielo les da alimento. ¿No valen ustedes mucho más que ellas?
MATEO 6.26 PDT

A veces solo hay que apretar la mandíbula y elegir creer. Tenemos que armarnos de valor para confiar en el Señor, incluso cuando nos parezca ilógico. Para vivir con un sentido de paz, debemos desarrollar nuestro músculo de la fe ejercitándolo cada día. No es fácil, pero es necesario. Amiga, tener confianza en Dios no es para los débiles. No es la opción fácil, porque nos gusta sentir que tenemos el control. No suele ser nuestra primera alternativa, porque lo que nos parece normal es intentar arreglar las cosas nosotras. La fe requiere valentía y tenacidad.

El versículo de hoy nos ofrece una perspectiva muy necesaria. Su objetivo es reforzar nuestra confianza en el amor y la provisión de Dios. Su propósito es hacer crecer nuestra fe en su cuidado y preocupación por nosotras. Está ahí para fomentar la confianza, sabiendo que el Señor cuida de aquellos a los que ama. No lo olvides, ¡eres valiosa!

Padre, me encanta cómo cuidas de la creación. Es alentador saber que tú estás activo en nuestra vida cotidiana, asegurándote de que tengamos lo que necesitamos. Gracias por cuidar de mí. Es un gran alivio darse cuenta de que tú siempre tienes ojos para mí. En el nombre de Jesús, amén.

LAS RAÍCES PROFUNDAS DE LA CERTEZA

Ciertamente tu bondad y tu amor inagotable me seguirán todos los días de mi vida, y en la casa del Señor viviré por siempre.
Salmos 23.6 NTV

¿Percibes la determinación en las palabras del autor? Está seguro de la protección y la provisión de Dios. Está convencido de que el Señor siempre lo buscará, no importa dónde lo lleve la vida. Confía en que no hay lugar donde pueda esconderse del cuidado de Dios. Y el autor está seguro de que pasará la eternidad en el cielo, rodeado de la gloria del Señor. En todas estas cosas, él está seguro.

Tú puedes tener esa misma certeza porque todas estas seguridades también están a tu disposición. Esta promesa es también para ti. Y aferrarse a ellas es un acto de fe que hay que elegir. Es decidir creer que Dios está vivo y activo en los detalles de tu vida, no solo hoy y mañana, sino para siempre. Vivir con esta verdad plantada en lo más profundo de tu corazón te permite disfrutar de ser libre del miedo y la inseguridad. Y esta verdad cultiva profundas y hermosas raíces de certeza que te ayudarán a capear cualquier temporal.

Padre, dame confianza y valor para confiar en ti venga lo que venga. Y ayúdame a tener un profundo sentido de tu presencia consistente en mi vida. En el nombre de Jesús, amén.

MÁS QUE SUFICIENTE

El Señor es mi pastor, nada me falta. Me lleva a descansar a prados verdes, y me conduce a manantiales de agua fresca. Él me da nueva vida. Me lleva por buenos caminos para mostrarme lo bondadoso que es.

Salmos 23.1-3 PDT

Hace falta fe para seguir a otros. Con demasiada frecuencia, confiamos en nuestras propias capacidades y no nos tomamos en serio cualquier atisbo de liderazgo por parte de los demás. No podemos poner nuestra confianza en su corazón o sus motivaciones, preocupándonos de que en su mente no tengan lo mejor para nosotros. Nos preocupa que nos lleven a situaciones incómodas o desconocidas. Y como nos cuesta confiar, a menudo optamos por seguir nuestro propio camino en la vida, esperando lo mejor.

El salmista tenía un enfoque diferente. Eligió confiar en Dios. Verlo como amigo y pastor le daba fe para seguir su guía, y experimentó descanso, paz, dicha, restauración, avivamiento y una dulce relación con Dios a lo largo del camino. Tenía más que suficiente para convencerlo de que es digno de confianza. ¿Por qué no dejarse guiar por el Señor?

Padre, por favor, sé tú mi Pastor y mi Líder. Sostenme y restáurame cada día, muéstrame cómo vivir en una relación correcta contigo. Guíame al navegar entre los retos y las alegrías de mi camino. En el nombre de Jesús, amén.

FE GENERACIONAL

Nuestros antepasados confiaron en ti, y los rescataste. Clamaron a ti, y los salvaste; confiaron en ti y nunca fueron avergonzados.
Salmos 22.4-5 NTV

Qué hermosa herencia transmitida a sus hijos. La fe estaba sólidamente asentada, era fácil de ver para la generación más joven, y la recordaban. Este es el tipo de referente en el que tendrían que confiar el resto de sus vidas. Sus propias experiencias se sumarían a las de sus antepasados, lo que reforzaría aún más la fe de los siguientes. Habla de una poderosa línea de bendición generacional.

¿Y tú? Tómate un tiempo hoy para echar un vistazo atrás en tu árbol genealógico. Busca a los miembros que amaban al Señor y vivían con rectitud. Menciona los nombres de los que vivieron su fe, de una forma visible para todos. Piensa en los que confiaron en la provisión, liberación y sanidad de Dios. Y luego da gracias al Señor por ellos, porque fue su fe la que influyó en la tuya. Ahora te toca a ti pasar la antorcha a la siguiente generación. Que eso sea un elemento que te haga ser intencional en tu caminar diario con Dios.

Padre, gracias por aquellos que vinieron antes que yo y dejaron una hermosa huella de fe en mi corazón. Permíteme ser eso mismo para los que me rodean. Úsame para ser una bendición generacional. En el nombre de Jesús, amén.

SU PROMESA DE ENTONCES ES SU PROMESA AHORA

«Así como juré a Noé, cuando el diluvio, no volver a inundar la tierra,
así juro ahora no volver a enojarme contigo ni volver a amenazarte.
Aunque las montañas cambien de lugar y los cerros se vengan abajo,
mi amor por ti no cambiará ni se vendrá abajo mi alianza de paz».
Lo dice el Señor, que se compadece de ti.

Isaías 54.9-10 DHH

Dios no puede cambiar. Siempre ha sido y siempre será. Así que cuando lees en el Antiguo Testamento que Él es omnisciente, lo sigue siendo. Cuando el Nuevo Testamento dice que Él es Torre Fuerte y Proveedor, sigue siendo cierto hoy. Dios trae la tan necesaria estabilidad a nuestro caótico mundo y la paz a nuestro corazón ansioso. Él sigue siendo el único en quien siempre podemos confiar. Su amor es constante, su provisión interminable y su cuidado continuo. Él posee una paciencia inagotable, y su esfuerzo por encontrarnos es implacable.

Puedes depositar con seguridad tu fe en el Señor porque Él tiene un largo historial de fiabilidad, no solo en tu vida, sino en la humanidad. Sus promesas no vacilan. Nunca cambian. Él nunca es inconsecuente, y su amor leal por ti nunca fallará.

Padre, me ayuda mucho saber que tus promesas son inmutables. Gracias por tu firmeza. En el nombre de Jesús, amén.

LA VERDAD SOBRE LA IRA

Si se enojan, no pequen; que el enojo no les dure todo el día. No le den oportunidad al diablo.
EFESIOS 4.26-27 DHH

Qué alivio saber que la ira en sí misma no es un pecado. Dios nos ha bendecido con una serie de emociones, y la ira es una de ellas. Sinceramente, hay cosas en el mundo actual, cosas que nos pasan, en las que la respuesta adecuada es la ira. Pero Dios también sabe que si dejamos la ira sin control, el enemigo la utilizará para acabar con nosotras. Si decidimos aferrarnos a ella, justificándola en cada ocasión, se convertirá en una fortaleza.

¿Cómo es la ira en tu vida? ¿Es tu combustible, o es una emoción que tiene su lugar y su momento? A veces no lo sabemos, y ahí es donde entra en juego la fe. Pídele al Señor que te ayude a saber transitar por la línea que separa la ira apropiada de la inapropiada. Mantente dispuesta a confiar en que Él te guiará y te mantendrá bajo control. Y ten siempre presente el deseo del enemigo de perjudicarte. No dejes que la ira sea la forma en que se afiance.

Padre, necesito tu ayuda para asegurarme de que la ira no se convierta en algo que el enemigo pueda utilizar contra mí. Confío en que tú me lo mostrarás. En el nombre de Jesús, amén.

ENCOMIENDA TUS OBRAS

Deja en manos de Dios
todo lo que haces,
y tus proyectos se harán realidad.
PROVERBIOS 16.3 TLA

Adelante. Planifícalo. Sueña con tus próximos pasos. Piensa bien el camino que quieres recorrer. Prepara tu futuro. Organiza tus pensamientos. Planea ideas con otros. Haz el diagrama de flujo de ideas. Sal de tu zona de confort con visión de futuro. ¡Adelante! Pero no olvides incluir al Señor, pedirle que intervenga en el proceso. Pídele que te guíe. Pídele que te dé sabiduría para seguir su guía y discernimiento para escuchar su voz. Incluye tu fe en cada paso del camino, y confía en las indicaciones del Señor.

Cuando tus sueños incluyen el deseo de escuchar la dirección de Dios, la Palabra dice que Él sobrenaturalmente hará que tus pensamientos coincidan con su voluntad. No irás a tu aire satisfaciendo las esperanzas carnales de tu humanidad. En cambio, dejarás que el Señor transforme tus planes para alinearlos con su voluntad, y entonces Él los establecerá y traerá el éxito. ¡Esto es fe en acción!

Padre, estoy dándoles vueltas a muchas ideas para mi futuro, pero ahora te las traeré a ti para que me dirijas. Dame oídos para oír tu voz. ¡Gracias por tu interés, y por ayudarme a darles solidez y asegurarlas con tu favor! En el nombre de Jesús, amén.

SIN TEMOR

*No amen el dinero; estén contentos con lo
que tienen, pues Dios ha dicho:
«Nunca te fallaré. Jamás te abandonaré».
Así que podemos decir con toda confianza:
«El Señor es quien me ayuda, por tanto, no temeré.
¿Qué me puede hacer un simple mortal?»*
Hebreos 13.5-6 ntv

El plan de Dios nunca fue que vivieras con temor. Porque el miedo no es del Señor, Él espera que lo contrarrestes con fe. Dios quiere que te sientas tan segura con su presencia en tu vida que desaparezca el temor. Dios prometió estar siempre contigo. Promete no separarse nunca de tu lado, estar siempre presente, en tus alegrías o en tus problemas.

¿Qué te da miedo? Ahora mismo, ¿cuáles son tus temores? ¿Qué te mantiene despierta por la noche, acribillada por la preocupación y la ansiedad? ¿Son las finanzas? ¿Las relaciones? ¿Un futuro desconocido? ¿Un susto en cuanto a la salud? ¿Tu seguridad? Activa tu fe recordando que Dios promete estar siempre contigo. Deja que esa verdad te dé confianza y valor para mantenerte fuerte venga lo que te venga.

Padre, qué alivio para mi corazón saber que tú prometes estar siempre conmigo pase lo que pase. ¿Puedes recordarme tu presencia en esos momentos en que el temor se apodera de mí? Quiero ser capaz de permanecer en la fe, no en el temor. En el nombre de Jesús, amén.

NO LE OBLIGUES A JALAR

«Te enseñaré y te mostraré el camino;
te estaré observando y seré tu guía.
No sean como el caballo
o como el mulo sin entendimiento,
a los que hay que sujetar con rienda y freno
porque si no, no se acercan a ti».
SALMOS 32.8-9 PDT

Qué buena imagen, ¿verdad? Piensa en una época en la que te empujaban o jalaban de ti para ir a algún sitio. Una época en la que te resistías a seguir. Una situación en la que fuiste testaruda y no querías escuchar consejos sensatos. Recuerda aquellos momentos en los que, por la razón que fuera, no querías confiar en alguien que, en el fondo, sabías que se preocupaba por ti. Esto es exactamente lo que Dios te pide que no hagas con Él.

Si hay alguien en quien puedes depositar toda tu fe, ese es el Señor. Él ha demostrado una y otra vez que es digno de confianza. Y en el versículo de hoy, Él te recuerda que está a tu lado en toda tu jornada. Dios quiere que busques su instrucción y guía mientras Él te guía. Él quiere que escuches su consejo porque te está guiando por el camino correcto.

Padre, confieso que puedo ser terca, pero a partir de hoy voy a cambiar eso. Seguiré tu ejemplo en mi vida. En el nombre de Jesús, amén.

LLEVARLE EL CORAZÓN

*Pon tu vida en las manos del Señor; confía en él,
y él vendrá en tu ayuda. Hará brillar tu rectitud y
tu justicia como brilla el sol de mediodía.*
SALMOS 37.5-6 DHH

¿Alguna vez se lo has contado todo a Dios, cada detalle de lo que te preocupa? ¿Te has abierto a Él sin tapujos, revelándole lo más profundo de tu dolor? ¿Has quitado de tu corazón ansioso todas las razones que te tienen atrapada en el miedo o la inseguridad? Llevarlo todo ante el único que puede comprenderte plenamente y amarte sin juzgarte es algo poderoso.

Estás invitada a abrirte ante el Señor, sin guardarle nada. Cada día, puedes ser totalmente transparente ante Dios. Es tu fe en Él la que lo hace posible. Es tu fe la que favorece su intervención. Es tu fe la que trae su afirmación de que eres digna y valiosa. Y cuando elijas confiar al Señor tus pensamientos y temores más profundos, Él te dará exactamente lo que necesitas para traer esperanza, ayuda y sanidad. Es una propuesta aterradora porque recordamos las veces que otros nos han juzgado, pero lo que Dios tiene en su corazón para ti siempre es bueno.

Padre, me resulta difícil ser tan vulnerable. Confieso que tengo miedo al juicio. ¿Puedes hacer crecer mi fe para que pueda confiar en nuestra relación, en que mi caos personal no te espantará? En el nombre de Jesús, amén.

TODA TU CONFIANZA

Los que viven al amparo del Altísimo encontrarán descanso a la sombra del Todopoderoso. Declaro lo siguiente acerca del Señor: Solo él es mi refugio, mi lugar seguro; él es mi Dios y en él confío.
Salmos 91.1-2 NTV

¿Dónde te refugias cuando te sientes vulnerable o expuesta? Algunas usamos la comida para anestesiarnos en una falsa sensación de paz. Puede que agarremos el mando a distancia y nos abandonemos a un atracón de Netflix. Puede que al final de cada jornada bebamos, con la esperanza de calmar nuestra ansiedad. Quizá compramos por Internet buscando el subidón de la próxima compra. Puede que pasemos demasiado tiempo en las redes sociales o que pasemos horas jugando al Candy Crush. Algunos pueden incluso evitar cualquier tipo de socialización y esconderse en casa en lugar de pasar tiempo de calidad con amigos o familiares. Sí, todas tenemos nuestros sitios a donde ir.

¿Y si decidimos aceptar la oferta del Señor de darnos refugio y seguridad? Confiarle una herida reciente y un desenlace desconocido a alguien a quien no podemos ver ni tocar es un acto de fe. Y hace falta valor para elegir la fe en lugar del temor. Decide creer que lo que Dios quiere para nosotras es siempre bueno, y ten confianza en que Él es un lugar seguro para anclar toda nuestra confianza.

Padre, pongo toda mi confianza en ti. En el nombre de Jesús, amén.

NO SEAS TONTA

El que confía en sí mismo es un bruto,
pero el sabio escapa del desastre.
Proverbios 28.26 PDT

No cabe duda de que somos mujeres inteligentes, capaces de tomar buenas decisiones para nosotras y nuestra familia. Nos organizamos y hacemos varias cosas a la vez, y nunca nos hemos encontrado con una lista de tareas que nos supere. Somos empresarias y dirigimos corporaciones. Hemos ocupado cargos públicos y gestionado actividades comunitarias. Somos maestras en casa y cuidamos niños. El Señor nos dio unas capacidades asombrosas para navegar por la vida con confianza. Pero, sin la sabiduría de Dios, vamos renqueando por la vida.

Ten cuidado de no caer en el ejemplo de las sabelotodo que lo hacen todo solas. Aunque podamos mantener ese plan por un tiempo, al final acabaremos agotadas. Nuestra humanidad se interpondrá en la situación. Tomaremos decisiones poco pensadas. Y te saldrán mal. Siempre, siempre, siempre, incluye a Dios en tus planes. Activa tu fe pidiendo su sabiduría. Sean grandes o pequeñas, invita al Señor tener la palabra en tus decisiones. Ese es el antídoto contra la insensatez.

Padre, confieso que confío en mis dones y talentos con demasiada frecuencia. A veces me impaciento y me adelanto a ti. Ayúdame a invitarte a participar en cada decisión que tome y a esperar tu respuesta. En el nombre de Jesús, amén.

CONFÍA EN QUE DIOS ES EL JUEZ

No paguen a nadie mal por mal. Procuren hacer lo bueno delante de todos. [...] hagan cuanto puedan por vivir en paz con todos. [...] dejen que Dios sea quien castigue; porque la Escritura dice: «A mí me corresponde hacer justicia; yo pagaré, dice el Señor».

Romanos 12.17-19 DHH

Ten cuidado cuando quieras vengarte de alguien que te ha hecho daño, porque la Palabra dice claramente que no te corresponde a ti. Dios dice que será Él quien juzgue. Y como Padre amoroso, Él quiere ocuparse de ello en tu nombre. ¿Qué te pide Dios? No devuelvas los golpes, descubre la belleza que hay en los demás y llévate bien con todo el mundo. Umm... ¿perdona?

Seamos honestas, amiga. Esto es mucho pedir cuando se hieren nuestros sentimientos. Cuando nos han ofendido, lo último en que pensamos es en tratar de llevarnos bien. Puede que cuando alguien nos enoje no queramos golpearle físicamente, pero sí con nuestras palabras. Dios no nos pide que seamos un felpudo para que otros nos pisoteen. Pero nos pide que confiemos en Él para que se ocupe del asunto por nosotras. Dios quiere que nuestro corazón se mantenga tierno, que no se endurezca con ira, amargura o falta de perdón.

Padre, esto no es fácil para mí porque mi resorte natural es contraatacar. Ayúdame a echarme a un lado y dejar que tú seas el juez en mi lugar. En el nombre de Jesús, amén.

QUÉDATE CON DIOS

Pero yo estoy convencido de que llegaré a ver la bondad del Señor a lo largo de esta vida. ¡Ten confianza en el Señor! ¡Ten valor, no te desanimes! ¡Sí, ten confianza en el Señor!

SALMOS 27.13-14 DHH

Es muy fácil huir del Señor cuando las cosas se ponen feas. Podemos correr hacia Él y caer en sus brazos hechas un desastre, o podemos huir, buscando opciones terrenales que nos hagan sentir mejor. La verdad es que a veces olvidamos que Él nos ama. Olvidamos que Él es plenamente consciente de nuestras necesidades. Cuestionamos a Dios, preguntándonos por qué el daño se cruza en nuestro camino. Decidimos que Él está en nuestra contra y no a nuestro favor y dudamos de su bondad.

Pero, amiga, esos pensamientos no podrían estar más lejos de la verdad de quién es Dios y lo que Él piensa de ti. Hace falta fe para elegir la verdad sobre la mentira. Pero cuando pasas tiempo en la Palabra y cuentas las bendiciones que has visto en tu vida y en las de otros, es difícil justificar darle la espalda. El historial de Dios es perfecto. Siempre te ha ido a tu encuentro justo donde estabas y te ha guiado a través del fango. Él te ha bendecido y ha provisto para tus necesidades. Él ha sido bueno contigo, incluso cuando te ha dado una respuesta diferente a la que esperabas. Por eso te quedas con Dios pase lo que pase.

Padre, perdóname por las veces que he huido de ti. A partir de hoy, ¡serás el primero al que acuda siempre! En el nombre de Jesús, amén.

VICTORIA EN EL OTRO LADO

Al que soporta las dificultades, Dios lo bendice y, cuando las supera, le da el premio y el honor más grande que puede recibir: la vida eterna, que ha prometido a quienes lo aman.

Santiago 1.12 tla

¿Qué haces cuando llegan las pruebas y las tentaciones? Algunas personas se rinden, se sienten incapaces para la batalla. Otras se hacen las víctimas tratando de captar la solidaridad de otros. Otras pueden mantenerse con un débil orgullo, mucho hablar y poco morder, acobardándose cuando hay demasiada presión. Y luego están las que sacan su fuerza del Señor, sabiendo que Él es la clave de su éxito. ¿En qué grupo sueles estar?

Esto es lo que Dios quiere que sepas: cuando eres firme y perseveras en esos momentos difíciles, aferrándote a tu fe en que puedes salir adelante con la ayuda del Señor, te espera una bendición. Saber que Dios se preocupa por ti y que obra todas las cosas para tu bien crea felicidad. La fe te convierte en una persona favorecida por Él. Y tu confianza inquebrantable viene acompañada de una promesa de victoria.

Padre, gracias por dar incentivos a quienes eligen confiar en ti en los momentos difíciles. Me encanta saber que mi obediencia no solo es reconocida, sino también recompensada. Ayúdame a ver la panorámica completa de la fe. En el nombre de Jesús, amén.

AGUANTA POR TU LIBERTAD

Ahora somos libres porque Cristo nos liberó. Manténganse firmes en la libertad y no vuelvan a la esclavitud.
GÁLATAS 5.1 PDT

¿Qué te impide aferrarte a tu libertad con todas tus fuerzas? ¿Por qué caes tan fácilmente en los patrones de esclavitud que te secan la vida? ¿Por qué caes continuamente en viejos modelos que te hacen sentir fracasada? Respira hondo, amiga. Estas preguntas son para cada una de nosotras, porque todas compartimos la tendencia a volver a encadenarnos las muñecas. Pero no tiene por qué ser así.

Dios te está desafiando a que guardes a toda costa la libertad que has recibido. A veces tenemos que aguantar con todo lo que tenemos. Tenemos que creer que es nuestra para tomarla, activar nuestra fe para acceder a su fuerza para ponerla en práctica. Qué hermoso don has recibido. No dejes que nadie, ni siquiera tú misma, te lo quite.

Padre, gracias por el don de la libertad a través de tu Hijo. Con demasiada frecuencia lo olvido, o me siento indigna de él, y elijo quedarme atrapada en mis temores e inseguridades. Eso me impide vivir plenamente y experimentar tu bondad. Dame valor para aceptar sin reservas la libertad que tienes para mí. En el nombre de Jesús, amén.

CONSTRUCTORA DE FE

Estudia constantemente este libro de instrucción. Medita en él de día y de noche para asegurarte de obedecer todo lo que allí está escrito. Solamente entonces prosperarás y te irá bien en todo lo que hagas. Mi mandato es: «¡Sé fuerte y valiente! No tengas miedo ni te desanimes, porque el Señor tu Dios está contigo dondequiera que vayas».

Josué 1.8-9 NTV

La Palabra de Dios edifica la fe. Sus páginas están llenas de aliento y verdad, que te dan fuerzas cuando más lo necesitas. Te da textos que llenan tu corazón de confianza y valor, te envían de vuelta a la batalla con la seguridad de su presencia. Hay historias de gente común, identificables con circunstancias a las que te enfrentas tú ahora mismo. Dios se revela en las páginas de la Biblia y muestra lo que siente por sus hijos. Es un libro a la vez misterioso y práctico para la vida cotidiana. Y por eso Dios quiere que dediques tiempo a leerlo.

El deseo del Señor es transitar la vida contigo. Leer su Palabra te ayuda a reconocer su voluntad y su plan creados solo para ti. Cuanto más conozcas a Dios, más fuerte y valiente te sentirás porque sus promesas estarán en tu corazón.

Padre, gracias por animarme a conocer tu Palabra en mi corazón. Tu Palabra está llena de estímulos para edificar la fe... justo lo que necesito. En el nombre de Jesús, amén.

COMPARTIR LA FE CON LOS MÁS JÓVENES

Porque me acuerdo de la fe sincera que tienes. Primero la tuvieron tu abuela Loida y tu madre Eunice, y estoy seguro de que también tú la tienes. Por eso te recomiendo que avives el fuego del don que Dios te dio cuando te impuse las manos. Pues Dios no nos ha dado un espíritu de temor, sino un espíritu de poder, de amor y de buen juicio.

2 Timoteo 1.5-7 DHH

Uno de los frutos de ser una mujer de fe es ser modelo de fe para otros. Con nuestras palabras y acciones, tenemos el privilegio de reflejar a Jesús ante aquellos que amamos. Habrá quien piense que eso es una carga, pero no lo es. No se espera que seamos perfectas. Y a veces lo más importante es nuestra vulnerabilidad ante las luchas, porque los demás pueden ver nuestra firmeza. Damos un ejemplo de fe radical por encima del temor. Nuestra paciencia enseña a otros a esperar en Dios, a confiar en su tiempo y en su plan. ¡Qué honor transmitir la fe!

Piensa en las personas a las que influyes. ¿Qué les estás enseñando? ¿Qué tipo de fe les estás animando a tener? Ten en cuenta que tu vida está manifestando el nivel de confianza que tienes en el Señor. ¡Vive como es debido!

Padre, ¡ayúdame a que mi forma de vivir y amar tenga un impacto en los demás para que te vean a ti! Quiero que mi vida refleje tu bondad y sea un poderoso argumento a favor de la fe. En el nombre de Jesús, amén.

CONFIAR EN DIOS PARA MARCAR LA DIFERENCIA

Manténganse despiertos y firmes en la fe. Tengan mucho valor y firmeza. Y todo lo que hagan, háganlo con amor.
1 Corintios 16.13-14 DHH

Este es un consejo magnífico para vivir con intencionalidad. No es fácil, ni mucho menos. Decidir llevar esto a cabo en tu día a día requiere un poco de coraje y mucha fe, porque no es algo que se consiga fácilmente. Tenemos que estar atentas a cada paso del camino. Pero cuando le pedimos al Señor la confianza y el valor para una vida llena de fe, lo recibimos.

Mantener los ojos abiertos es de valientes. Significa que no te acobardas, sino que confías en Dios. Mantener tus convicciones significa no comprometer lo que sabes que es correcto y verdadero. Darlo todo exige perseverancia y resistencia, y amar sin límite es la definición de amor incondicional. Y, amiga mía, todo esto requiere fe. Nuestra humanidad tiene limitaciones, pero podemos confiar en que Dios suplirá la diferencia. En tu matrimonio, como madre, en tu comunidad, en tu trabajo, con tus finanzas, en cómo eliges vivir, pídele al Señor su ayuda inquebrantable.

Padre, gracias por este reto para vivir y amar debidamente. Dame las herramientas que necesito para vivir con esta clase de intencionalidad. ¿Puedes darme la fe para saber que tú compensarás la diferencia? En el nombre de Jesús, amén.

NUNCA ABANDONADA

Jesús les contestó: —¿Así que ahora creen? Pues ya llega la hora, y es ahora mismo, cuando ustedes se dispersarán cada uno por su lado, y me dejarán solo. Pero no estoy solo, porque el Padre está conmigo. Les digo todo esto para que encuentren paz en su unión conmigo. En el mundo, ustedes habrán de sufrir; pero tengan valor: yo he vencido al mundo.

Juan 16.31-33 DHH

Dios está siempre contigo. En los buenos momentos, cuando todo está en su sitio, Él está ahí. En los momentos en que parece que te ha arrollado un tren, Dios está ahí. Cuando estás asustada y preocupada por tu situación, no estás sola. Cuando tus inseguridades se salen de lo normal y te hacen sentir indigna, Él está a tu lado. Siempre que necesites fuerza o valor, el Señor está ahí para satisfacer esas necesidades. En esos momentos en que quieres rendirte, Dios te sostendrá. Nunca hay un lugar donde tú estés y Él no.

Así que recuerda que cuando te sientas abandonada por aquellos que esperabas que estuvieran a tu lado, el Señor está ahí. No te dejará sola cuando necesites ayuda. Nunca te quedarás sin su apoyo y cuidado. Dios está contigo en cada paso del camino.

Padre, qué gran consuelo saber que siempre estás conmigo pase lo que pase. En el nombre de Jesús, amén.

¡VÍSTETE!

Protéjanse contra los engaños del diablo con toda la armadura que les da Dios. Nuestra lucha no es contra seres humanos, sino contra gobernantes, contra autoridades, contra poderes de este mundo oscuro y contra fuerzas espirituales malignas del cielo.

Efesios 6.11-12 PDT

Cuando te pones la armadura completa de Dios, estás activando tu fe. Es una decisión deliberada para protegerte de las estratagemas del enemigo. Es reconocer que tu batalla no es contra carne y sangre, sino contra los principados que se oponen a Dios. Y vestirte te ofrece seguridad y protección contra las fuerzas del mal empeñadas en destruir su vida.

Antes de poner el pie en el piso en la mañana, pídele al Señor que te cubra con su protección por medio de su armadura. Cree que haciendo esto estarás totalmente equipada para lidiar con cualquier cosa que el enemigo pueda lanzarte. ¡Tu protección le importa a Dios!

Padre, oro en este momento por la armadura completa. Por favor, cúbreme con tu provisión para que pueda mantenerme fuerte contra las fuerzas del mal. Necesito tu fortalecimiento cada día. En el nombre de Jesús, amén.

SEGURA EN TU FE

No les teme a las malas noticias; porque su corazón está firme, confiado en el Señor. Siempre tiene confianza y no siente miedo; por eso podrá vencer a sus enemigos.

Salmos 112.7-8 PDT

¿Qué significa estar segura en la fe? Significa que no hay que tener miedo al futuro. No tienes por qué temer lo que venga. ¿Por qué? Porque te protege tu Padre, que siempre vela por ti. ¿Significa esto que no habrá adversidades? ¿Significa esto que no hay nada aterrador por delante? No. Las Escrituras garantizan que la vida estará llena de pruebas y tribulaciones. Pero puedes estar segura sabiendo que Dios está contigo y se interesa por ti.

Cuando estás segura en Él, eso te permite mantenerte fuerte. Estás confiada. Puede que te derriben, pero no estarás derribada por mucho tiempo porque sabes que Dios te tiene en su mano. Pensar así te permite vivir desde la fortaleza. Eso mantiene tus ojos fijos en el Señor y no en tus circunstancias. Y calma tu corazón angustiado, te asegura que alguien te ama y te cuida.

Padre, dame el valor para afianzar mi fe con firmeza en ti. Fortalece mi decisión de confiar en ti cuando las situaciones amenacen con sacudirme. Y cuando esté asustada o preocupada, recuérdame que estoy protegida. En el nombre de Jesús, amén.

EL GRAN DEFENSOR

Sin embargo, cuando el Padre envíe al Abogado Defensor como mi representante —es decir, al Espíritu Santo—, él les enseñará todo y les recordará cada cosa que les he dicho. Les dejo un regalo: paz en la mente y en el corazón. Y la paz que yo doy es un regalo que el mundo no puede dar. Así que no se angustien ni tengan miedo.

JUAN 14.26-27 NTV

Jesús prometió que cuando Él partiera vendría al mundo un gran Defensor: el Espíritu Santo. Y su labor es apoyar a quienes aman al Señor al crecer en su fe y compartir el evangelio con otros. Él vino a enseñar y hablar las cosas de Dios en los corazones de los creyentes para edificar su fe. Y vino a recordar a los creyentes lo que ya habían oído, trayéndoles estímulos clave de su tiempo con Jesús.

El Espíritu Santo sigue vivo y activo hoy. Si eres una creyente en Jesús, el Espíritu de Dios está en ti ahora mismo. Él es ese sentimiento interior que te orienta hacia una vida como Dios quiere cuando tienes que tomar una decisión. Él es quien te anima a entrar en comunión con el Señor cuando tú preferirías esconderte. Él es quien te recuerda que confíes en Dios para obtener la paz que tanto anhelas. Y es el Espíritu Santo el que te ayuda a crecer en tu fe.

Padre, ¡gracias por enviar al Espíritu Santo para ayudarme a navegar por la vida y aumentar mi fe! En el nombre de Jesús, amén.

ESTÁ CUANDO TE HUNDES

Pedro le contestó: —Señor, si eres tú, haz que yo vaya hacia ti caminando sobre el agua.
Jesús le dijo: —¡Ven!
Pedro salió de la barca, caminó sobre el agua y fue hacia donde estaba Jesús. Pero vio que el viento era fuerte, tuvo miedo, se empezó a hundir y gritó: —¡Señor, sálvame!
MATEO 14.28-30 PDT

En este versículo, hay una gran lección para todos los creyentes. Es una poderosa muestra de lo que la fe puede hacer por nosotros. Pero también es una advertencia de lo que ocurre cuando nos centramos demasiado en nuestras circunstancias. Tómate un minuto para releer el texto de hoy y anota lo que más te llame la atención.

Es fácil estar llena de fe cuando las aguas de la vida están tranquilas. Podemos confiar en el Señor cuando las tormentas están lejos. Pero hay que tener mucho valor y confianza para salir de nuestro refugio y hacer algo que parece imposible. En esos momentos en que damos un paso a algo nuevo y nos hundimos en nuestras dudas, el Señor está ahí para sacarnos a flote cada vez.

Padre, ayuda a que mi fe en ti sea sólida, para que los momentos de hundirme sean cada vez menos. Ayúdame a mantener mis ojos puestos en ti y no en las circunstancias que amenazan con hundirme. Y gracias por estar ahí para rescatarme. En el nombre de Jesús oro, amén.

ÉL SIEMPRE ESTARÁ AHÍ

¿Acaso hay algo que pueda separarnos del amor de Cristo? ¿Será que él ya no nos ama si tenemos problemas o aflicciones, si somos perseguidos o pasamos hambre o estamos en la miseria o en peligro o bajo amenaza de muerte?
Romanos 8.35 NTV

Piensa en una relación rota que te haya golpeado donde más duele. Tal vez fue un matrimonio que terminó en divorcio cuando orabas para que sanara. Tal vez un hijo se alejó desafiante y nada pareció hacerle recapacitar. Tal vez una amistad que pensabas que duraría para siempre terminó con una traición y estás llorando su pérdida. ¿Alguien te dejó porque pensó que eras demasiado caótica? En su opinión, ¿resultabas demasiado frustrante? ¿Alguien te ha dicho que no eres lo bastante lista o que no estás a la altura de tus vecinos? Un fuerte abrazo, amiga.

Una buena noticia para un corazón roto: no hay nada que puedas hacer para que Dios rompa contigo. No puedes hacer que te deje. Tanto si estás hecha un desastre como si estás impecable, Él te ama. Y cuando pienses que no encajas, recuerda que eres perfecta a sus ojos. Pídele la fe para creer eso.

Padre, qué alivio saber que no hay nada que pueda ser o hacer que me separe de ti. En el nombre de Jesús, amén.

NECESIDAD DE ÁNIMO

«Levántate, porque es tu deber decirnos cómo debemos proceder para arreglar esta situación. Nosotros te respaldamos, por lo tanto, sé fuerte y actúa». [...] Así que todos hicieron un juramento solemne. Luego Esdras se retiró de la parte delantera del templo de Dios y fue a la habitación de Johanán, hijo de Eliasib. Pasó la noche allí sin comer ni beber nada. Seguía en duelo a causa de la infidelidad de los que habían regresado del destierro.

Esdras 10.4-6 NTV

A veces necesitamos un estímulo para mantenernos firmes en nuestra fe y hacer lo que sentimos que Dios nos pide. Puede que a algunas les resulte fácil, pero si a veces te flaquean las rodillas y te falta valor, no estás sola. Andar por fe es una elección diaria que a veces requiere valentía. Tal vez por eso el Señor nos hizo para vivir en comunidad. Tal vez Él sabía cuánto necesitaríamos ese aliento. A veces, lo que más necesitamos para vivir una vida llena de fe son unos cuantos amigos y familiares que nos recuerden nuestras capacidades. Necesitamos saber que tenemos lo necesario para hacer lo que Dios nos pide.

Padre, yo soy una de esas personas que normalmente necesitan que las personas de su entorno las animen a mantenerse firmes en su fe. A mi corazón le ayuda saber que cuento con tu apoyo, y aumenta mi confianza y mi valentía para ser obediente a tu dirección. En el nombre de Jesús, amén.

VALIENTES Y VALEROSAS POR EL BIEN

Ten ánimo, y luchemos con valor por nuestra nación y por las ciudades de nuestro Dios. ¡Y que el Señor haga lo que le parezca mejor!
2 Samuel 10.12 dhh

¿Has pensado alguna vez en cuán importante es que los demás nos vean ser valientes cuando nos enfrentamos a cosas que dan miedo? No solo refuerza su confianza para enfrentarse a lo que tienen delante, sino que también ayuda a aumentar su fe en que Dios hará su parte. Tu valentía marca la diferencia en tu vida y en la de los que te rodean.

Así que cuando llegue el diagnóstico médico y no sea lo que esperabas, sé valiente al afrontar las citas y los tratamientos. Cuando tu matrimonio sea un desastre y tus hijos estén estresados por ello, habla con confianza de tu fe en Dios. Cuando tus finanzas te abrumen y estés luchando por llegar a fin de mes, cree en el Señor como tu Proveedor. Cuando la vida continúe golpeándote una y otra vez, encuentra el valor para seguir su camino a través del valle. Porque así tu vida predica fe a los que te rodean.

Padre, gracias por recordarme que mi nivel de fe tiene el poder de impactar a otros. Quiero demostrar a mi familia y a mis amigos que tú eres digno de confianza y fiel en todas las cosas. Ayúdame a poner mi esperanza en ti para animarlos a hacer lo mismo. En el nombre de Jesús, amén.

ESTA ES LA RAZÓN

El Señor tu Dios está en medio de ti.
Él es un guerrero que da la victoria;
con regocijo demostrará su alegría por ti.
Tendrá un nuevo amor por ti.
Festejará por ti con cantos alegres.
Sofonías 3.17 TLA

Por eso puedes confiar tu vida al Señor y ser tú misma en lugar de esforzarte por ser más presentable o aceptable. Por eso mismo no tienes que avergonzarte de los errores del pasado. Por eso no tienes que derrumbarte bajo la presión. Y, amiga mía, por eso nunca tienes que sentirte sola.

Si no te falta fe, pídele a Dios que te bendiga con la fe necesaria para afirmar tus pies sobre el versículo de hoy. Está lleno de verdades que están ahí para aumentar tu confianza en Él y en lo que Él quiere que seas. Cobra ánimo sabiendo que Dios está siempre presente en tu vida, que tus pecados están olvidados y que Él se goza cantando sobre ti. Deja que estas bendiciones hagan crecer tu fe de formas renovadas. Y gracias al Señor por amarte tan profundamente.

Padre, estoy tan agradecida por ti. A veces me cuesta aceptar que yo pueda significar tanto para alguien, pero elijo creer que tus palabras son verdad y que tu amor por mí es real. En el nombre de Jesús, amén.

TRANSFERIDA Y GARANTIZADA

Así que Dios nos aprobó gracias a la fe, y ahora, por medio de nuestro Señor Jesucristo, hay paz entre Dios y nosotros. A través de la fe, Cristo nos ha traído al generoso amor de Dios que ahora disfrutamos, y estamos felices con la esperanza de compartir la gloria de Dios.

Romanos 5.1-2 pdt

¿No es genial que cuando eliges creer que Jesús es el Hijo de Dios y murió por tus pecados, ese acto de fe transfiere la justicia de Dios sobre ti? En otras palabras, tu fe te ha hecho intachable ante el Padre. Es más, también te garantiza un acceso sin fin en tu relación con Él. No hay ninguna barrera entre los dos, nada que te impida experimentar su bondad en tu vida cada día.

En un mundo lleno de angustia y dolor, que esto sea una fuente de alegría. Aférrate a estas promesas y que alimenten tu esperanza. Abraza tu fe para hallar paz y consuelo te pase lo que te pase.

Padre, me encanta que mi elección de creer en Jesús me abra una hermosa vida de fe. Ayúdame a vivir en esa victoria cada momento de cada día, confiando en ti para satisfacer mis necesidades. En el nombre de Jesús, amén.

EL EFECTO DOMINÓ

Pero hay más, podemos sentirnos felices aun cuando tenemos sufrimientos porque los sufrimientos nos enseñan a ser pacientes. Si tenemos paciencia, nuestro carácter se fortalece y con un carácter así, nuestra esperanza aumenta. Esa esperanza no nos va a fallar porque Dios nos dio el Espíritu Santo, quien ha derramado el amor de Dios en nosotros.

Romanos 5.3-5 PDT

Aquí es donde tu fe te convertirá en una guerrera si se lo permites. Pero un pequeño aviso: no es un camino fácil. No es fácil, pero merece la pena.

Fíjate en el efecto dominó del versículo de hoy: una elección se suma a la siguiente. Cuando decides ir a por todas con el Señor, sucede algo hermoso. Él promete usar todas las cosas de tu vida para su gloria y tu beneficio. Él no desperdicia ninguna oportunidad para convertirte en la mujer llena de fe que Él quiere que seas desde que te creó. Y si lo permites, las presiones se traducen en una resistencia que refinará tu carácter y te llevará de vuelta a la esperanza.

Además, recuerda que la esperanza es un elemento importante de la fe, una fe que nos demuestra una y otra vez que Dios nunca nos defraudará.

Padre, qué privilegio que estés siempre refinándome a mí y a mi fe. Solo tú podrías crear un efecto dominó tan poderoso con las dificultades que voy a enfrentar en la vida. Gracias. En el nombre de Jesús, amén.

COSECHAR LO QUE SE SIEMBRA

No se engañen ustedes mismos, porque de Dios no se burla nadie. Uno cosecha lo que siembra. Quienes siembran únicamente para complacerse a sí mismos sólo cosecharán de ello la destrucción. Pero el que siembra para agradar al Espíritu, cosechará la vida eterna. No debemos cansarnos de hacer el bien. Si no nos rendimos, tendremos una buena cosecha en el momento apropiado.

Gálatas 6.7-9 PDT

Existe una relación extraordinaria entre cómo elegimos vivir y amar... y los resultados futuros de esas decisiones. El mundo puede llamarlo karma, pero Dios se refiere a ello como el concepto de cosechar lo que sembramos.

Funciona así: si eliges sembrar semillas de bondad en tus relaciones, la cosecha que tendrás después lo reflejará. Siembra semillas de fe y observa cómo crecen tu fe. Siembra generosidad ahora y recógela después. Lo mismo se puede decir si esparces semillas de odio, amargura, rencor y egoísmo. Que este principio de siembra y cosecha te anime a ser intencional con tu forma de vivir y amar. Deja que la fe inspire tu vida para glorificarlo.

Padre, gracias por la bendición que hay en el otro lado de una vida intencional. En el nombre de Jesús, amén.

EL DON DE LA COMUNIDAD

Así que no debemos cansarnos de hacer el bien; porque si no nos desanimamos, a su debido tiempo cosecharemos. Por eso, siempre que podamos, hagamos bien a todos, y especialmente a nuestros hermanos en la fe.
GÁLATAS 6.9-10 DHH

El Señor quiere que amemos y seamos bondadosas con los demás, pero sobre todo con nuestros hermanos y hermanas en la fe. Quiere que permanezcamos unidos en los momentos difíciles y celebremos los buenos. La verdad es que Dios nos hizo para la comunidad. Es un regalo. Y aunque nos frustremos con la compañía, el Señor no nos creó para vivir solas. Puede que seamos más introvertidas, pero eso no es excusa para escondernos. Quiere que trabajemos juntos, animando y afirmando cuando sea necesario.

Tal vez tú seas la medicina precisa que alguien necesita para sobrevivir un día más. Tú puedes ser la razón de que se levante, se sacuda el polvo y vuelva a intentarlo. Tus palabras pueden marcar la diferencia en el dolor de alguien. Tu presencia es importante. Ámalos como es debido.

Padre, a veces me resulta difícil vivir en comunidad. Me siento herida u ofendida y lo último que quiero es pasar el rato con la gente. ¿Puedes darme perspectiva, perdón y gracia para que no permita que nada me impida amar a los demás? En el nombre de Jesús, amén.

SÉ COMO CALEB

—Fuimos a la tierra a la que nos enviaste. Realmente es una tierra donde la leche y la miel corren como el agua, y éstos son los frutos que produce. Pero la gente que vive allí es fuerte, y las ciudades son muy grandes y fortificadas. Además de eso, vimos allá descendientes del gigante Anac. En la región del Négueb viven los amalecitas, en la región montañosa viven los hititas, los jebuseos y los amorreos, y por el lado del mar y junto al río Jordán viven los cananeos.
Entonces Caleb hizo callar al pueblo que estaba ante Moisés, y dijo:
—¡Pues vamos a conquistar esa tierra! ¡Nosotros podemos conquistarla!

NÚMEROS 13.27-30 DHH

A pesar de que Dios había prometido a los israelitas que esta tierra sería suya, en cuanto pusieron sus ojos en los habitantes y las ciudades... se asustaron. La duda los asaltó al comprobar su tamaño y ferocidad. Y para ellos, eso lo echaba todo por tierra. La falta de fe amenazaba con impedirles poseer la tierra. Pero Caleb intervino en la situación. Sabía que si Dios estaba con ellos y seguían su plan, las promesas del Señor se cumplirían. Su fe no flaqueó.

Seamos mujeres firmes en nuestras convicciones. Conozcamos sus promesas pasando tiempo en la Palabra. Y demos el siguiente paso de fe aunque dé miedo.

Padre, quiero tener una fe como la Caleb. Ayúdame a confiar en tus promesas sea cual sea mi situación. En el nombre de Jesús, amén.

QUIÉN SABE

Entonces Ester envió la siguiente respuesta a Mardoqueo: «Ve y reúne a todos los judíos que están en Susa y hagan ayuno por mí. No coman ni beban durante tres días, ni de noche ni de día; mis doncellas y yo haremos lo mismo. Entonces, aunque es contra la ley, entraré a ver al rey. Si tengo que morir, moriré».

ESTER 4.15-16 NTV

La reina Ester era una chica dura. Criada por su tío Mardoqueo, aprendió a confiar en él y en su sabiduría. Por eso, cuando él la animó a hablar con el rey sobre el plan secreto para aniquilar a los judíos, ella optó por creer y confiar en Mardoqueo, y actuó. Él le dijo estas famosas palabras: «*¿Quién sabe si no llegaste a ser reina precisamente para un momento como este?*» (Ester 4.14 NTV).

En tu vida ¿quiénes son los que te animan? ¿Quiénes son los que te desafían a dar un paso hacia tu llamado aunque tengas que hacerlo con miedo? Tal vez Dios te tiene ahora en este mundo para hacer crecer tu fe mientras marcas la diferencia en la vida de otros.

Padre, sé que tú me elegiste para estar aquí ahora. Muéstrame cuál es tu plan para mi vida. En el nombre de Jesús, amén.

CONFIANZA INQUEBRANTABLE

Por lo tanto, hermanos, permanezcan firmes y no dejen que nada los haga cambiar. Dedíquense totalmente a trabajar para el Señor, bien saben que su trabajo no es en vano.
1 Corintios 15.58 PDT

Cuando sostienes el escudo de la fe, hallas el valor para mantenerte fuerte venga lo que venga. Hay libertad en saber que no tienes que inclinarte ante las cosas que te asustan y disparan tus inseguridades. No tienes que acobardarte al temer el fracaso. No tienes que preocuparte por extraviarte. En cambio, puedes vivir con la confianza inquebrantable de que Dios es Dios y te capacitará para hacer aquello para lo que te creó.

Pídele al Señor la fe necesaria para sumergirte en las aguas profundas con Él. Abre tus ojos y oídos para observar y escuchar su guía. Permite que Él use tus habilidades y talentos plena y completamente para hacer la obra que se te ha encomendado. Y confía en que cuando encomiendas tus caminos al Señor, tu trabajo nunca es en vano. Por medio de Él, ¡tienes asegurada la capacidad de ser útil y provechosa para el reino de Dios!

Padre, dame una confianza inquebrantable para que pueda hacer tu obra. Aumenta mi fe mientras confío en ti para mi fuerza y dirección. En el nombre de Jesús, amén.

CONTENTA CONTIGO MISMA

... ustedes los jóvenes sométanse a la autoridad de los ancianos. Todos deben someterse unos a otros con humildad, porque: «Dios se opone a los orgullosos, pero ayuda con su bondad a los humildes». Humíllense, pues, bajo la poderosa mano de Dios, para que él los enaltezca a su debido tiempo. Dejen todas sus preocupaciones a Dios, porque él se interesa por ustedes.

1 Pedro 5.5-7 dhh

Se necesita mucha fe para estar contenta contigo misma. No es fácil sentirse bien con lo que somos a menos que adoptemos deliberadamente una perspectiva eterna, confiando en que Dios no crea cosas sin valor. Muy a menudo, intentamos encajar y nos esforzamos para parecer o decir lo correcto. Queremos sentirnos relevantes. Ansiamos la aceptación de los demás, así que actuamos como alguien que decidimos que es más aceptable, alguien más *cool*. Pero eso no es lo que Dios quiere que hagamos. Si Él nos hizo únicos y diferentes a propósito, ¿por qué pasamos tanto tiempo tratando de ser como los demás?

Hoy, ¿por qué no eres sincera con el Señor y le cuentas tus luchas con la confianza en ti misma? Tal vez solo necesites ser totalmente franca al confesar tus mayores temores o tus heridas más profundas. ¿Y por qué no invitarle a que aumente tu confianza en su propósito al crearte?

Padre, muéstrame lo que ves cuando me miras. En el nombre de Jesús, amén.

FIRMEZA EN LA FE

Sean prudentes y manténganse despiertos, porque su enemigo el diablo, como un león rugiente, anda buscando a quien devorar. Resístanle, firmes en la fe, sabiendo que en todas partes del mundo los hermanos de ustedes están sufriendo las mismas cosas. Pero después que ustedes hayan sufrido por un poco de tiempo, Dios los hará perfectos, firmes, fuertes y seguros. Es el mismo Dios que en su gran amor nos ha llamado a tener parte en su gloria eterna en unión con Jesucristo. A él sea el poder para siempre. Amén.

1 Pedro 5.8-11 DHH

Es un poderoso recordatorio de la importancia de aferrarnos firmemente a nuestra fe y confiar en la fortaleza de Dios cuando el enemigo nos ataca. Decide que Él te cubre las espaldas y no te acobardes en la ansiedad; y mantén la guardia alta y los ojos abiertos para ver las trampas del enemigo. Confía en que el Señor te protegerá, y mantente alerta pasando tiempo en la Palabra y en oración, aprendiendo lo que Él afirma como verdadero y correcto. Esta batalla no es para siempre. Y para todo esto necesitas creer en la soberanía de Dios. Hay que aferrarse con firmeza a la fe.

Padre, necesito tu fuerza y valor para mantenerme vigilante contra los planes de eliminarme del enemigo. Ayúdame siempre a estar alerta y a sostener mi escudo de la fe. En el nombre de Jesús, amén.

EL EFECTO DE JESÚS

¡Sólo en Jesús hay salvación! No hay otro nombre en este mundo por el cual los seres humanos podamos ser salvos. Pedro y Juan eran hombres sencillos y sin educación. Las autoridades se asombraron cuando vieron que ellos no tenían miedo de hablar. Entonces se dieron cuenta de que Pedro y Juan habían estado con Jesús.

Hechos 4.12-13 PDT

Jesús cambia vidas. Él tiene la capacidad de devolver la esperanza a los desesperanzados y valía a los que sienten que no la tienen. Él sana a los quebrantados de corazón y les da confianza para intentarlo de nuevo. Él ama a los que no son fáciles de amar y perdona lo imperdonable. Y Él ofrece paz en el caos a quienes se lo piden. Jesús es omnisciente y omnipotente, y siempre quiere lo bueno para ti. Y es por tu fe en Él como se accede a todo esto.

No hace falta ser seminarista ni experta en Biblia. No hace falta que tu vida hasta ahora esté marcada por la perfección y la impecabilidad. No hay requisitos ni normas que cumplir. Como persona común, eres exactamente lo que Jesús quiere. Y es a través de tu fe en Él como tu vida será afectada por su bondad.

Padre, tómame, moldéame y cámbiame. ¡Que Jesús afecte mi vida de maneras asombrosas! En su nombre te lo pido, amén.

DIOS LO HIZO

Pueblo de Israel —dijo—, ¿qué hay de sorprendente en esto? ¿Y por qué nos quedan viendo como si hubiéramos hecho caminar a este hombre con nuestro propio poder o nuestra propia rectitud? Pues es el Dios de Abraham, de Isaac y de Jacob —el Dios de todos nuestros antepasados— quien dio gloria a su siervo Jesús al hacer este milagro. Es el mismo Jesús a quien ustedes rechazaron y entregaron a Pilato, a pesar de que Pilato había decidido ponerlo en libertad.

HECHOS 3.12-13 NTV

Tengamos cuidado de no quitarle el mérito al Señor. Es suyo y solo suyo. Podemos colaborar con Dios, ser sus manos y sus pies. Podemos denunciar el mal y presentar la verdad a quienes quieran escucharnos. Podemos incluso perseverar en tiempos difíciles y suscitar el asombro de nuestros amigos y familiares. Pero sabemos que estos logros son gracias al tiempo con Dios y a su luz en nuestra vida. Tal vez los hicimos nosotras, pero fue con su fuerza. Él nos dio la resistencia. Prendió el deseo. Y debemos asegurarnos de no permitir que nuestras acciones sean exaltadas por encima del nombre del Señor. Démosle en seguida el crédito a Él, contando a todos que es nuestra fe en Dios la que nos capacita.

Padre, ¡a ti sea la gloria! Haz que mi vida guíe a otros hacia ti. No hay duda de que tú puedes, y tú lo harás, ¡y te doy gracias por formar parte de tu ejército! En el nombre de Jesús, amén.

EL RETO DE NO PRESTAR ATENCIÓN

Hijo de hombre, no tengas miedo ni de ellos ni de sus palabras. No temas, aunque sus amenazas te rodeen como ortigas, zarzas y escorpiones venenosos. No te desanimes por sus ceños fruncidos, por muy rebeldes que ellos sean.

EZEQUIEL 2.6 NTV

Cuando te lleguen palabras malintencionadas, no dejes que se adhieran a ti. Cuando alguien intente molestarte o hacerte sentir *menos que*, recuerda quién dice Dios que eres. En todas las situaciones espinosas que la vida te depare, mantente centrada en las promesas de Dios de protegerte. Cuando las acciones de otra persona te muerdan y te dejen herida, no hagas caso de sus amenazas. En cambio, activa tu fe y habla con Dios. Pídele que te dé la fuerza y la sabiduría necesarias para sortear los obstáculos. Pídele la perspectiva adecuada para que no te intimiden las situaciones o las personas. Pídele que ocupe tus pensamientos con su bondad para que no prestes atención a los que se dedican a odiar. Es más, pídele al Señor que llene tu corazón de su paz y te recuerde el valor que tienes para aquel que te creó.

Padre, no prestar atención a los que se empeñan en desanimarme parece mucho pedir. A veces pienso más en sus palabras de odio que en los reconocimientos que me llegan. Ayúdame a mantenerme en la fe cuando elijo creerte a ti antes que a ellos. En el nombre de Jesús, amén.

¿QUIÉN ES DIOS PARA TI?

¡Bendito sea el Señor, mi protector! Él es quien me entrena y me prepara para combatir en la batalla; él es mi amigo fiel, mi lugar de protección, mi más alto escondite, mi libertador; él es mi escudo, y con él me protejo; él es quien pone a los pueblos bajo mi poder.

SALMOS 144.1-2 DHH

Esto es lo asombroso del versículo de hoy: el salmista lo entiende. Entiende de verdad el poder de Dios en su vida y sabe quién es Él. Ve su poderosa mano obrando y confía en que Dios le ayudará en el futuro. La fe del salmista es fuerte y resuelta. Vuelve a leer los versículos anteriores. Siéntate con cada palabra que describe al Señor y encuentra las que más te toquen en este momento. Escríbelas y dale las gracias por estar presente en tu vida. Dile a Dios por qué su ayuda significa tanto.

No dejes que el mundo te robe el corazón y la confianza. Te prometerán muchas cosas, pero no podrán cumplirlas. Al menos no por mucho tiempo. Deja que la Escritura de hoy cale hondo en tus huesos mientras y reconoce el impresionante poder de Dios y su amor por ti... porque Él es todas estas cosas para ti también.

Padre, qué poderoso recordatorio de quién prometes ser en mi vida. Ayúdame a recordarlo cuando la vida me golpee en el estómago. Muéstrame tu fidelidad cuando necesite ser rescatada. En el nombre de Jesús, amén.

ORACIONES AUDACES

Señor, descorre la cortina de los cielos, y baja; toca los montes para que echen humo; lanza tus flechas, los relámpagos, y haz huir en desorden a tus enemigos. Extiende tu mano desde lo alto, y líbrame del mar inmenso; líbrame del poder de gente extraña, de los que dicen mentiras y levantan su derecha para jurar en falso.

SALMOS 144.5-8 DHH

¡Esto es orar! El versículo de hoy nos ofrece un gran ejemplo de alguien desesperado por la intervención del Señor. Necesita que Él intervenga y lo rescate. Y aún más, le pide que se haga visible y que muestre su gran poder para que todos lo vean. ¿Te imaginas la confianza que hace falta para una oración así?

Amiga, tú puedes orar de la misma manera. No tienes que decir oraciones tiernas y dulces con palabras floridas. Tus oraciones no tienen por qué seguir una fórmula ni sonar altisonantes. No tienen por qué estar impregnadas de falsa cortesía y corrección política. No, no, no, en lugar de eso, tienes la libertad de orar oraciones audaces llenas de súplicas intensas. Puedes decir lo que piensas. Y puedes pedir lo que quieras. Dios ya conoce lo más profundo de tu corazón, pero quiere escucharte. Da ese paso de fe y habla con el Señor con total transparencia. Nada de lo que digas o compartas cambiará lo que Él siente por ti.

Padre, ¡gracias por permitirme ser sincera contigo! En el nombre de Jesús, amén.

ALGO QUE CANTAR

Porque la palabra del Señor es verdadera
y en su bondad pueden confiar.
Él ama que se haga justicia y se establezca el derecho.
La tierra está llena del fiel amor del Señor.
Salmos 33.4-5 PDT

La idea de que la Palabra de Dios es algo sobre lo que cantar es una bella explicación. El escritor se sintió conmovido y encantado. Se le quedó grabada lo suficiente como para causar un impacto audible a cualquiera que estuviera cerca. Estaba en su mente y literalmente en sus labios. Sí, conectó con su corazón.

Vale la pena tararear o cantar a pleno pulmón las promesas de Dios. Son dignas de nuestra confianza porque la Palabra nos habla de su confiabilidad. En otras palabras, Dios hará lo que dice que hará. El Señor es justo, lo que significa que es equitativo, lo que significa que sus promesas y mandamientos se aplican a todos. Somos igualmente amadas y favorecidas. Y saber esto ayuda a nuestra fe a crecer cuando elegimos creer que Dios mismo es fiel y digno de confianza.

Padre, quiero cantar tu bondad cada día. Que tus promesas estén siempre en mis labios. Haz crecer mi fe a la vez que me comprometo a pasar más tiempo contigo, aprendiendo a confiar más profundamente en tu Palabra. Gracias por ser fiel y amable. En el nombre de Jesús, amén.

CON TODO LO QUE TIENE

Nosotros confiamos en el Señor; ¡él nos ayuda y nos protege! Nuestro corazón se alegra en el Señor; confiamos plenamente en su santo nombre. ¡Que tu amor, Señor, nos acompañe, tal como esperamos de ti!

SALMOS 33.20-22 DHH

¿Crees que puedes depender de Dios para todo? Cuando todo se complica, ¿confías en Él para que te ayude? Cuando te ahogas en el dolor, ¿es al Señor a quien clamas? Cuando te sientes abrumada como esposa o madre, estresada por las altas expectativas, ¿acudes al Señor en oración cada día? Amiga, ¿podemos realmente tener fe en que Él acudirá a ayudarnos?

La respuesta es sí, y todo se reduce a la magnitud de su amor. Por eso podemos saber sin lugar a dudas que Él siempre será la mejor opción para satisfacer nuestras necesidades. Y cuanto más tiempo vivamos nuestra relación con Él, más profundamente llegaremos a comprender que Dios es todo lo que necesitamos. El Señor te ama con todo lo que tiene, ¡y no hay nada que puedas hacer para cambiar eso!

Padre, dependo de tu amor porque sé que no puedo surcar esta vida sin él. Anhelo ardientemente que tu poderosa mano me guíe al caminar en fe por esta vida. Ámame con todo lo que tienes, Señor. ¡No puedo sin ti! En el nombre de Jesús, amén.

SE NECESITAN VALOR Y AGALLAS

Después, el faraón, rey de Egipto, dio la siguiente orden a las parteras hebreas Sifra y Pua: «Cuando ayuden a las mujeres hebreas en el parto, presten mucha atención durante el alumbramiento. Si el bebé es niño, mátenlo; pero si es niña, déjenla vivir». Sin embargo, como las parteras temían a Dios, se negaron a obedecer las órdenes del rey, y también dejaron vivir a los varoncitos.

Éxodo 1.15-17 NTV

¿Te imaginas que te dieran una orden así? El faraón tenía miedo por el aumento de los israelitas en Egipto, así que pidió a estas parteras temerosas de Dios que controlaran la población matando a los bebés. Qué confianza en Dios debieron de tener estas mujeres para activar su fe por encima de su miedo y desobedecer una orden directa del más alto funcionario del país.

Hay que tener valor y agallas para defender a Dios antes que a los hombres. A veces, hacer lo que sabemos que es correcto resulta francamente difícil, por miedo a las reacciones negativas. Pero cuando confiamos en el Señor más que en cualquier otro, encontramos el valor para hacer lo correcto. Y al final, Dios lo bendecirá.

Padre, ayúdame a preocuparme más por obedecerte a ti que por seguir órdenes que van en contra de tu voluntad y carácter. Quiero honrar a la gente de aquí, pero nunca a expensas de mi fe o de tu reputación. Necesito discernimiento. En el nombre de Jesús, amén.

CONFIAR CON MIEDO

—¡Ay, Señor! —respondió Moisés—. Yo no tengo facilidad de palabra, y esto no es sólo de ayer ni de ahora que estás hablando con este siervo tuyo, sino de tiempo atrás. Siempre que hablo, se me traba la lengua.
Pero el Señor le contestó: —¿Y quién le ha dado la boca al hombre? ¿Quién si no yo lo hace mudo, sordo, ciego, o que pueda ver? Así que, anda, que yo estaré contigo cuando hables, y te enseñaré lo que debes decir.
Moisés insistió: —¡Ay, Señor, por favor, envía a alguna otra persona!

Éxodo 4.10-13 DHH

Incluso después de ver la zarza ardiente y observar cómo Dios convertía su vara en serpiente y luego de nuevo en vara. Incluso después de que Dios le pusiera una enfermedad en la piel y luego se la quitara inmediatamente. Incluso después de todas estas señales y prodigios, Moisés seguía careciendo de fe.

Todos podemos identificarnos con momentos en los que sabemos que Dios nos tiene en su mano, pero nuestras inseguridades gritan más fuerte. La duda a menudo vence a nuestro recuerdo de todas las veces que el Señor nos ha ayudado. Escucha, amiga. Puedes confiar en Él asustada. Puedes tener fe y dar el paso siguiente. Y cuando lo hagas, Él reforzará tu confianza y tu valor para el siguiente paso.

Padre, me identifico con Moisés. Perdona mis dudas y refuerza mi fe para que nada me impida seguir tu guía. En el nombre de Jesús, amén.

PERSPECTIVA

Hermanos, quiero que sepan que las cosas que a mí me han pasado han venido en realidad a ayudar al anuncio del evangelio. Pues mi prisión ha servido para dar testimonio público de Cristo a la gente del palacio y a todos los demás. Y al ver que estoy preso, la mayoría de los hermanos se han animado a anunciar el mensaje, sin miedo y con más confianza en el Señor.

Filipenses 1.12-14 dhh

Pablo tenía que estar riendo de alegría mientras escribía esta carta. Qué locura de acontecimientos. Su encarcelamiento, que fue para sofocar el evangelio, hizo que este se difundiera. Este es un gran recordatorio de que lo que vemos en lo natural rara vez es lo que está sucediendo en el espíritu. En otras palabras, cuando las cosas parecen ir mal, puede ser la situación exacta que Dios usará para ganar el corazón de alguien para Él. Nuestra parte es tener fe para confiar en Él pase lo que pase. Más aún, dejemos que nuestra fe nos recuerde que nosotras no somos el Señor. Eso evitará que intentemos controlar o manipular el resultado. Lo último que queremos es interferir con el Dios que promete usar todas las cosas para nuestro bien y su gloria. ¿Amén?

Padre, me encanta saber que tu voluntad no se puede deshacer ni socavar. ¡Alabado seas en todo! En el nombre de Jesús, amén.

NUNCA TIRA LA TOALLA CONTIGO

«Aunque se muevan los montes
y tiemblen las colinas,
mi amor por ti seguirá firme
y mi pacto de paz no tambaleará».
Lo dice el Señor, que se compadece de ti.
Isaías 54.10 PDT

Lo más probable es que se te rompa el corazón solo de pensar en las personas que te han abandonado. Tal vez fue un marido que abandonó el matrimonio o un padre que se fue, dejándote sola para resolver las cosas. Puede que te despidieran injustamente de un empleo, que un amigo te traicionara por decir la verdad o que fueras tú quien rompiera una relación que creías eterna. Esto es algo que todos podemos entender porque lo compartimos como seres humanos.

Pero aquí está la buena noticia: nunca corres el peligro de que Dios se aleje de ti. Él dice que no hay nada, ni una sola cosa, que pueda hacer que Él te abandone. Su profundo amor y compasión confirman el trato. El reto es que tú lo creas y lo aceptes como verdad. Vuelve a leer el versículo de hoy y déjalo que se asiente en ti.

Padre, es difícil creer que no hay nada que pueda hacer para que tú me abandones. Mi vida está llena de personas que me han abandonado por una causa u otra. Ayúdame a creerte. En el nombre de Jesús, amén.

ESTA ES TU HERENCIA

Sin embargo, nadie ha hecho un arma capaz de destruirte. Israel, tú harás callar a todo el que te acuse, porque yo, el único Dios, hago triunfar a los que me adoran. Te juro que así será.

Isaías 54.17 TLA

Qué gran verdad a la que aferrarse cuando las tormentas de la vida comienzan a arremolinarse a nuestro alrededor. A veces miramos al mal cara a cara, muertas de miedo de que gane. Vemos cómo surgen problemas en nuestras relaciones y no sabemos cómo pararlos. Vemos venir mentiras contra nosotras y nos preocupamos por cómo nos defenderemos. Y vemos cómo aquellos en quienes confiamos se vuelven contra nosotras, a menudo de improviso. En nuestra tristeza, nos sentimos atascadas intentando superar la situación. ¿Qué hacemos? Nos aferramos al Señor, que nos hace una profunda promesa de protección y defensa.

Tu herencia es la paz, la justicia, la seguridad y la victoria sobre la oposición. Él promete mantenerte a salvo. Que tu fe afiance esta verdad en tu corazón.

Padre, estoy agradecida por saber que tú tienes el control y que cuidarás de mí. Dame seguridad para confiar en ti y fe para mantenerme firme. En el nombre de Jesús, amén.

DORMIR COMO UN BEBÉ

Cuando te acuestes no tendrás miedo, pues te acostarás y dormirás tranquilo. No tendrás miedo de los desastres repentinos ni de la ruina que les sobreviene a los perversos, porque el Señor te dará confianza y te librará de caer en alguna trampa.

Proverbios 3.24-26 pdt

¿Cuándo fue la última vez que dormiste como un bebé? Lo más probable es que fuera hace años, y hoy te cuesta conciliar el sueño más que cualquier otra cosa. La noche parece ser el momento en que nuestro cerebro no se apaga. Es el momento en que procesamos nuestras frustraciones del día anterior o planificamos nuestro ajetreado día siguiente, queramos o no. Son esas horas de la madrugada en las que nuestros miedos e inseguridades se hacen más grandes que la vida y parece que no podemos encontrar la paz.

Dios está ahí contigo, dispuesto a escuchar lo que te carga el corazón. Él conoce cada detalle de esas cosas que te tienen inquieta. Él comprende su complejidad y cómo se entrecruzan con tu vida. Es más, Dios puede calmar tu corazón lleno de ansiedad y confortarte. Dile lo que te preocupa y luego duerme como un bebé.

Padre, en mitad de la noche no puedo apagar mi mente. En mis temores, anticipo resultados y finales horribles que me hacen sentir desesperanzada y temerosa. Por favor, consuélame. En el nombre de Jesús, amén.

FACULTADA CON SABIDURÍA Y DISCERNIMIENTO

Hijo mío, conserva el buen juicio y no pierdas de vista la discreción.
Serán fuente de vida para ti; te adornarán como un collar.
Podrás recorrer seguro tu camino y nunca tropezarás.
PROVERBIOS 3.21-23 PDT

Cuando decides caminar en sabiduría y discernimiento, recibes un gran poder. La Palabra dice que estas dos virtudes son lo suficientemente importantes como para que sean objetivos para tu vida, porque son muy beneficiosas. No solo te dan fuerza interior, sino que esa fuerza se convierte en algo que te inspira a hacer lo correcto. Más aún, la sabiduría y el discernimiento te darán energía para vivir como es debido, te servirán de apoyo y guía en tu camino y te aportarán sanidad, todo al mismo tiempo.

Pídele al Padre que te las dé en abundancia. Pídeselo cada mañana antes de poner los pies en el suelo, y en cada situación en la que tengas que tomar una decisión. Hay demasiado en juego para confiar solo en tu humanidad, que es defectuosa y limitada. En esta vida se necesita confianza en Dios al pasar por sus altibajos.

Padre, por favor, dame sabiduría y discernimiento para vivir mi vida como es debido. Quiero permanecer en tu voluntad y caminar contigo cada día. En el nombre de Jesús, amén.

DIOS EQUIPA

Estamos seguros de todo esto debido a la gran confianza que tenemos en Dios por medio de Cristo. No es que pensemos que estamos capacitados para hacer algo por nuestra propia cuenta. Nuestra aptitud proviene de Dios. Él nos capacitó para que seamos ministros de su nuevo pacto. Este no es un pacto de leyes escritas, sino del Espíritu. El antiguo pacto escrito termina en muerte; pero, de acuerdo con el nuevo pacto, el Espíritu da vida.

2 Corintios 3.4-6 NTV

No creas que todo depende de ti. Para hacer la obra de Dios en el mundo se necesita su ayuda. Estamos llenas de limitaciones humanas que no podemos superar. No podemos esforzarnos más o trabajar más. Cuando el Señor te creó para buenas obras, también te garantizó que te daría la ayuda necesaria para realizarlas. Es Dios quien te equipa, solo Él.

Procura no presionarte a ti misma en cuanto a tu rendimiento. Más bien, no dudes en pedirle lo que necesitas. ¿Necesitas fuerza para una conversación difícil? ¿Paciencia para criar a tus hijos? ¿Confianza al compartir su testimonio? ¿Perdón para quien te ha lastimado? ¿Amor por alguien que no lo merece? Apóyate en Dios y espera su ayuda. Él no te defraudará.

Padre, gracias por prometer equiparme para la llamada que has puesto en mi vida. Necesito tu ayuda para lograrlo, así que por favor lléname de fe en tus promesas. En el nombre de Jesús, amén.

TU MAÑANA LE PERTENECE A DIOS

Oigan ustedes, los que dicen: «Hoy o mañana viajaremos a esta u otra ciudad y estaremos allí un año, y haremos negocios y ganaremos mucho dinero». Ustedes ni siquiera saben qué va a pasar con su vida el día de mañana, porque ustedes son como vapor que aparece sólo por un momento y después desaparece. Por el contrario, siempre deberían decir: «Si el Señor quiere, viviremos y haremos esto o aquello».

SANTIAGO 4.13-15 PDT

Somos planificadoras por naturaleza. Como mujeres, queremos tener nuestra agenda semanal en orden, para saber lo que nos espera. Nos gusta la previsibilidad. Necesitamos organización. Y pensar que tenemos las cosas en orden, preparadas y listas nos aporta una sensación de calma. Pero tu mañana le pertenece a Dios.

Los versículos de hoy nos desafían a no aferrarnos a nuestros planes. No hay nada malo en mirar al futuro y programar las cosas. Estaríamos locas si no lo hiciéramos, sobre todo si intentamos organizar los detalles de los compromisos laborales y familiares. Pero confiemos más en el calendario de Dios para nuestra vida. Y si Él tiene algo más planeado, confiemos en Él para reorganizar nuestros días.

Padre, ayúdame a mantener mis planes en perspectiva para que si tú los cambias, yo pueda seguir adelante, confiando en tus caminos antes que en los míos. En el nombre de Jesús, amén.

SEGURO E INQUEBRANTABLE

El Señor es mi luz y mi salvación. ¿A quién podría yo temerle?
El Señor es la fortaleza de mi vida, así que no le temo a nadie.
Aunque los perversos me ataquen y traten de destruirme,
aunque mis enemigos me ataquen, serán
ellos los que tropiecen y caigan.
No tendré miedo aunque todo un ejército me rodee.
Confiaré en Dios aunque me declaren la guerra.
Salmos 27.1-3 pdt

No hay duda de que David es muy transparente con sus emociones. Su manera de abrirse al Señor es preciosa, y nos muestra que nosotras podemos hacer igual. No hay razón para esconder nuestro corazón de Dios, y no nada que sugiera que Él se aleja de nosotros cuando lo hacemos. Eres plenamente amada, y el Señor te protege.

En los momentos en que te sientas atacada por otras personas, desnuda tu corazón ante Él. Confíale a Dios tu caos. Háblale con franqueza de todos tus sentimientos agobiantes, explícale con detalle lo que te preocupa y te duele. Corre con fe hacia Él en lugar de huir avergonzada o temerosa. Es el amor de Dios el que te mantendrá segura e inquebrantable.

Padre, confieso que hay veces en que me alejo de ti avergonzada. Dame la confianza de saber que tú me amas pase lo que pase y que siempre estás ahí para ayudarme. En el nombre de Jesús, amén.

CONFIANZA SIN MIEDO

Por eso, no dejen de confiar en Dios, porque sólo así recibirán un gran premio. Sean fuertes, y por ningún motivo dejen de confiar en él cuando estén sufriendo, para que así puedan hacer lo que Dios quiere y reciban lo que él les ha prometido.
Hebreos 10.35-36 TLA

Si te falta valentía, pídela. Por medio de Dios, está a tu disposición en todo momento. Y si parece que has perdido el coraje que una vez tuviste, pídele al Señor que te lo devuelva. Lo necesitarás en esta vida. Es lo que te permite tomar la decisión correcta, defender la verdad, mantenerte firme en tu fe, no rendirte y ser la persona que Él quiere. La valentía tiene su parte en cada decisión.

Cada día, elige ser una mujer que confía sin miedo en el Señor. Debes saber con cada fibra de tu ser que Dios siempre te dará lo que necesitas para soportar lo que la vida te traiga. Confía en su plan. Porque, cuando lo haces, hay una hermosa bendición al otro lado. Recuerda, tienes valentía a tu disposición. Es un beneficio de la fe.

Padre, la vida es dura y muchas veces quiero esconderme en vez de afrontarla. Estoy cansada de la lucha y frustrada por mi falta de perseverancia. Sinceramente, a veces tengo mucho miedo de lo que me espera. Por favor, dame una confianza en ti sin temor. En el nombre de Jesús, amén.

UN TORRENTE DE CONFIANZA Y FUERZA

El que respeta al Señor alcanzará seguridad para él y para sus hijos.
Proverbios 14.26 PDT

Cuando estás fuerte en tu fe, sucede algo asombroso. Es un depósito sobrenatural de confianza y fuerza. No entra en tu vida goteando; las Escrituras dicen que te inunda. ¿Puedes captar esa poderosa imagen? Es un recordatorio de abundancia para los que aman a Dios. Él bendice abundantemente. Y son esa confianza y esa fuerza las que nos dan una sensación de seguridad. Tu fe conlleva beneficios demasiado asombrosos para imaginarlos. El Señor no te promete una vida fácil y sin preocupaciones, pero te llena de una fe valiente para navegar por ella.

Pero la cosa mejora. Dios promete que tu obediencia y tu fe no solo te bendicen, sino que también traen protección para la generación siguiente. Así que tu disposición a confiar en el Señor y seguir su plan para tu vida hoy tiene ganancias de largo alcance que otros recibirán en el futuro. Piensa en el gran poder que podría tener tu fe. Puede ser una bendición generacional que se transmita en los años futuros.

Padre, gracias por tu bondad no solo conmigo, sino con mis hijos. Por favor, sé tú mi confianza y mi fuerza para que pueda vivir y amar como es debido. En el nombre de Jesús, amén.

ORAR POR OTROS

Siempre damos gracias a Dios por todos ustedes, y los recordamos en nuestras oraciones. Continuamente recordamos qué activa ha sido su fe, qué servicial su amor, y qué fuerte en los sufrimientos su esperanza en nuestro Señor Jesucristo, delante de nuestro Dios y Padre. Hermanos amados por Dios, sabemos que él los ha escogido.

1 Tesalonicenses 1.2-4 dhh

Pablo sienta un poderoso precedente en esta carta a la iglesia de Tesalónica. Les hace saber que ora por ellos constantemente. Él reconoció su trabajo y su fe, su esfuerzo y su amor, su perseverancia y su esperanza. Aunque no estuvieran en la misma ciudad, trabajaban juntos como un equipo para difundir el evangelio de Jesús. Y saber esto unió el corazón de Pablo al de ellos. Por eso Pablo se sintió impelido a orar.

¿Oras tú por otros? Independientemente de que trabajen juntos por un objetivo común o no, la práctica de orar unos por otros es importante. Cuando lo haces, estás literalmente colocando a esa persona en el trono de Dios, confiándola a su mano. Y es una forma cariñosa de demostrar tu fe.

Padre, ahora mismo quiero orar por estas personas. Creo que tú ya conoces sus necesidades y confío en que intervendrás como solo tú puedes hacerlo. Sálvalos. Sánalos. Provee para ellos. En el nombre de Jesús, amén.

COMPLEMENTO PARA TU FE

Como ya tienen esas promesas, esfuércense ahora por mejorar su vida así: a la fe, añádanle un carácter digno de admiración; al carácter digno de admiración, añádanle conocimiento. Al conocimiento, añádanle dominio propio; al dominio propio, añádanle constancia; a la constancia, añádanle servicio a Dios; al servicio a Dios, añádanle afecto a sus hermanos en Cristo y a ese afecto, añádanle amor.
2 Pedro 1.5-7 PDT

Dios te pide que sigas trabajando en tu fe. No es una decisión de una sola vez. Es una elección que haces cada día. Tu fe está activa, viva y en constante evolución. Y Dios desea que le agregues a la fe a medida que maduras en ella.

¿Cómo se hace esto? Pasas tiempo en la Palabra, dejando que las Escrituras calen hondo en tu corazón. Pasas tiempo en oración y dialogas con Él a diario. Te conviertes en parte del proceso y no en parte del problema, buscas siempre la guía de Dios en los altibajos de la vida en lugar de hacerte la víctima. Y lo invitas a que use tu historia, tu vida, para animar a los demás. Cuando lo haces, el Señor aumenta tu fe de formas maravillosas para tu bien y para su gloria.

Padre, me encanta que la fe no tenga límites. Me encanta que tu deseo sea que sigamos creciendo en nuestra relación contigo. Y me encanta que tú tomes parte activa en hacernos más semejantes a Cristo. En el nombre de Jesús, amén.

ERES ELEGIDA Y LLAMADA

Así que hermanos, Dios los llamó y los eligió. Esfuércense por demostrarlo en su vida, y así nunca caerán, sino que recibirán una grandiosa bienvenida al reino eterno de nuestro Señor y Salvador Jesucristo.
2 Pedro 1.10-11 PDT

Dios te eligió para que fueras suya. Piénsalo un momento. Él te creó tal como te quería. Pensó en ti especialmente y no fue con mal humor. No fuiste una ocurrencia tardía ni un trabajo apresurado. Eres una creación deliberada, una mujer hecha con y para un propósito. Y tu fe en Jesús como su Hijo que murió por tus pecados sella la eternidad con Él.

La vida intentará hacerte dudar de tu fe. Pondrá en tela de juicio tu sistema de creencias. Y te ofrecerá falsos salvadores, haciéndote todo tipo de promesas que no puede cumplir. Pero tu parte es aferrarte a la verdad de quién eres y de quién es Dios. Si es necesario, esfuérzate al máximo, pero recuerda que has sido elegida y llamada.

Padre, gracias por elegirme. A veces olvido quién soy y a quién pertenezco, y necesito que me recuerden que soy importante. Necesito que me recuerden que soy llamada y elegida por aquel que me creó. En el nombre de Jesús, amén.

TU AYUDA EN LA ORACIÓN

El Espíritu nos ayuda en nuestra debilidad. Porque no sabemos orar como es debido, pero el Espíritu mismo ruega a Dios por nosotros, con gemidos que no pueden expresarse con palabras. Y Dios [...] sabe qué es lo que el Espíritu quiere decir, porque el Espíritu ruega, conforme a la voluntad de Dios, por los del pueblo santo. Sabemos que Dios dispone todas las cosas para el bien de quienes lo aman...

ROMANOS 8.26-28 DHH

¿Sabías que el Espíritu Santo te ayuda en la oración? Cuando no hallamos las palabras adecuadas, el Espíritu interviene en nuestro favor. Él interpreta ante Dios nuestras palabras y pensamientos confusos, y les da sentido cuando nosotras no podemos. En esos momentos en que no somos capaces de describir nuestro dolor, Él lo hace. Cuando no podemos explicar nuestros sentimientos, el Espíritu los explica por nosotras. Él nos conoce mejor que nosotras mismas, y eso lo convierte en el perfecto abogado de oración cuando necesitamos ayuda.

Así que ten fe, no dudes de que Dios verá la panorámica completa de tus necesidades. Él comprenderá perfectamente la complejidad de su situación. No se confundirá ni se perderá detalles vitales. El Espíritu Santo se asegurará de ello.

Padre, gracias por el papel del Espíritu Santo en mi vida de oración. Me da descanso saber que tengo un abogado de oración que se asegura de que Dios conozca los detalles. En el nombre de Jesús, amén.

PON EN PRÁCTICA TU FE

Pidan que Dios bendiga a los que los persiguen; pidan bendiciones y no maldiciones para ellos. Alégrense con los que están alegres. Lloren con los que lloran. Vivan en paz y armonía unos con otros. No sean orgullosos, sino amigos de los que la gente desprecia. No se crean mejores ni más sabios que los demás.

Romanos 12.14-16 PDT

El pasaje bíblico de hoy ofrece una instantánea perfecta de lo que significa vivir la fe. No lo dice todo, pero sí lo suficiente para demostrar que necesitarás la ayuda del Señor para hacerlo bien. Con demasiada frecuencia, decidimos que podemos vivir bien por nosotras mismas. No vemos la necesidad de involucrar a Dios en los detalles porque pensamos que somos plenamente capaces solas. Pero entonces nos encontramos con versículos como estos y nos damos cuenta de que necesitamos ayuda.

Relee este pasaje de Romanos y anota lo que más te llame la atención. ¿En qué necesitas más la ayuda de Dios? ¿Qué te parece casi imposible sin el apoyo del Señor? ¿Qué parte necesitará que actives tu fe sin falta? No se trata de avergonzar ni culpar a nadie. En cambio, démonos cuenta de cuánto necesitamos a Dios para que nos ayude a vivir nuestra fe en la práctica.

Padre, la realidad es que necesito que me ayudes a vivir una vida llena de fe. En el nombre de Jesús, amén.

LA INTENSIDAD DE SU PROTECCIÓN Y CUIDADO

¿Se olvida una madre del bebé que amamanta?
¿No tiene compasión del hijo que dio a luz?
Aun si eso pasara, yo no te olvidaré.
Mira, te tengo escrita en mis manos.
Tengo siempre presentes tus murallas.
ISAÍAS 49.15-16 PDT

Existe un poderoso vínculo entre una madre y su hijo. Hay una intensidad de protección y cuidado que no tiene parangón. Habrás oído el término *mamá osa*, que indica que si molestas a su cría, recibirás como respuesta todo el repertorio de garras y dentelladas. Quizá te crio una a ti. Quizá tú lo seas.

Dios está explicando algo. Intenta inculcarte una sensación de seguridad inquebrantable. Él está explicando que nunca se alejará, y espera que elijas confiar en su intensidad de protección y cuidado. El Señor incluso ha grabado tu nombre en la palma de su mano como recordatorio permanente. Parte de tener fe implica tomar la decisión de creer que lo que Dios dice es verdadero y real. Hoy, deja asentado en tu corazón que el Señor te ama plena y completamente y que nunca te olvidará.

Padre, elijo abrazar la verdad de lo que soy para ti. Elijo creer que tu promesa de no olvidarte de mí también es inquebrantable. ¡Qué gran regalo! En el nombre de Jesús, amén.

DIOS, PUERTO SEGURO

De Dios dependen mi salvación y mi honor; él es mi protección y mi refugio. ¡Pueblo mío, confía siempre en él! ¡Háblenle en oración con toda confianza! ¡Dios es nuestro refugio!

SALMOS 62.7-8 DHH

Esto significa que cuando te excluyen, puedes compartir ese dolor con Dios. Cuando tu padre o tu madre reciban un diagnóstico terrible, Él estará allí para consolarte. Cada vez que esa vieja herida se reaviva, el Señor está listo para escuchar. Cuando sientes que tu matrimonio se desmorona o estás cansada de la soltería, Dios es un lugar seguro donde deshacerte de tus temores. En esos momentos en los que estás preocupada por tus hijos, Él está ahí para ofrecerte fortaleza y perspectiva. Tu fe en Dios desbloquea su poder en tu vida.

¿En qué aspectos sería más manejable la vida si te apoyaras en Él en esos momentos difíciles? ¿Qué te impide confiar en el Señor? ¿Qué tendría que cambiar para que puedas confiar? Cuando tomas la decisión de poner tu esperanza en Dios, ese acto de fe prende una paz en tu corazón. Te da fuerzas para responder. Te da sabiduría y discernimiento para dar los siguientes pasos. Te hace sentir su presencia para recordarte que no estás sola. Deja que Dios sea tu puerto seguro en cada tormenta que enfrentes.

Padre, dame la confianza y el valor para no tardar nada en pedirte ayuda. En el nombre de Jesús, amén.

VIVA Y EFICAZ

Cada palabra que Dios pronuncia tiene poder y tiene vida. La palabra de Dios es más cortante que una espada de dos filos, y penetra hasta lo más profundo de nuestro ser. Allí examina nuestros pensamientos y deseos, y deja en claro si son buenos o malos.

HEBREOS 4.12 TLA

La Palabra de Dios es un misterio porque, aunque fue escrita hace miles de años, sigue siendo relevante para tu vida. De algún modo, sigue aportando ideas y entendimiento a las situaciones que enfrentas hoy. Libera verdades probadas que importan aquí y ahora. Es viva y eficaz, convence y anima cuando más lo necesitamos. Tiene el poder de venir a nuestro encuentro justo donde estamos y darnos una palabra de esperanza. Expone el pecado, afirma las decisiones y orienta. Afirma nuestra valía. Asienta nuestra identidad. Y nos abre los ojos a la voluntad y los caminos del Señor, enseñándonos más sobre el Dios al que servimos.

Deja que su Palabra sea viva y eficaz en tu vida. Dedica tiempo a leerla cada día, y pídele que te hable a través de ella. Y verás cómo crece tu fe.

Padre, me maravilla el poder que puedo recibir a través de la Biblia. Es un documento vivo que muestra tu amor y cuidado por tus hijos. ¡Y me siento bendecida por ello! En el nombre de Jesús, amén.

AMAR A LO GRANDE

Respetar al Señor conduce a la vida,
uno se siente contento y no se preocupa por nada.
Proverbios 19.23 PDT

Elige ser el tipo de mujer que ama a lo grande. Sé generosa y audaz, asegúrate de que tus amigos y familiares sepan lo que sientes por ellos. El amor es tan poderoso que, cuando estamos seguras en él, somos capaces de salir de todo con confianza y valentía. Nos sentimos reforzadas por ello. Es el fundamento que nos mantiene firmes.

Asegúrate de que Dios también sienta tu amor ilimitado por Él. Sé generosa en tus alabanzas. No temas exagerar en tu gratitud por todo lo que Él ha hecho. Que el Señor sienta tu abundante agradecimiento. Asegúrate de que Él sabe con qué profundidad lo reverencias. Comparte con otros tus momentos con Dios, atribuyéndole a Él el mérito de su intervención. No dejes pasar un día sin compartir tu agradecimiento por satisfacer todas tus necesidades, en todo momento. Esto no solo te preparará para recibir bendiciones, sino que también aumentará de forma sobrenatural tu fe. Recordar su bondad nos capacita para confiar en que Él volverá a mostrarla.

Padre, veo las formas en que has intervenido en mi vida y estoy muy agradecida por ello. Te amo a lo grande y quería asegurarme de que lo supieras. No solo te amo por lo que has hecho. Te amo por lo que eres. En el nombre de Jesús, amén.

NO PUEDES SALVARTE A TI MISMA

Ningún rey se salva por su gran ejército, ni se salvan los valientes por su mucha fuerza; los caballos no sirven para salvar a nadie; aunque son muy poderosos, no pueden salvar. Pero el Señor cuida siempre de quienes lo honran y confían en su amor, para salvarlos de la muerte y darles vida en épocas de hambre.

SALMOS 33.16-19 DHH

Qué pasaje tan convincente de las Escrituras que nos recuerda que no podemos salvarnos a nosotras mismas. Claro, tenemos poder y fuerza. Sí, podemos entrenar nuestro cuerpo para que sea fuerte y nuestra mente para que sea inteligente. Podemos tener como aliados a una mamá osa o a un papá sobreprotector. Tal vez tengamos un grupo de amigos que acudan a rescatarnos o nos apoyen pase lo que pase. Pero, amiga, el salmista está iluminando la realidad con sus palabras.

La verdad es que nuestra humanidad solo nos llevará hasta cierto punto y acabaremos llegando a nuestro fin. Y aunque tenemos una comunidad que nos ayuda, necesitamos profundamente a Dios. Nuestra fe entra en acción cuando nos damos cuenta de lo que necesitamos para vivir con propósito y pasión.

Padre, me frustra mucho lo rápido que olvido cuánto te necesito. Pierdo mucho tiempo intentando hacerlo todo yo. Ayúdame a acudir a ti primero y no como último recurso. En el nombre de Jesús, amén.

GRANDES PETICIONES

Cuando Jabés nació, su madre le puso ese nombre porque le causó mucho dolor durante el nacimiento. En cierta ocasión, Jabés le rogó a Dios: «Bendíceme y dame un territorio muy grande; ayúdame y líbrame de todo mal y sufrimiento». Dios le concedió su petición, y Jabés llegó a ser más importante que sus hermanos.

1 Crónicas 4.9-10 tla

Jabés tuvo el valor de pedirle más a Dios. Pidió ser bendecido con más tierras y con protección contra el mal. Fue su fe la que le permitió pedir con valentía grandes cosas. Jabés estaba seguro de su petición porque conocía el poder de su Dios. Confiado, soñó a lo grande y pidió al Señor lo que quería. ¿Y qué pasó? Dios le concedió su petición.

No olvidemos que Dios es predeciblemente impredecible. Pedir nunca tiene garantizado un sí. Dios tiene una visión de conjunto y sabe exactamente lo que necesitamos. Así que si su respuesta a tu petición es un no o un ahora no, que tu fe sea lo suficientemente fuerte como para confiar en su tiempo y su plan.

Padre, gracias por la libertad para pedir cualquier cosa. Doy gracias por saber que puedo soñar grandes sueños y llevártelos a ti. Pero también agradezco que sepas qué es lo mejor para mí. Dame la seguridad para confiar en tu respuesta. En el nombre de Jesús, amén.

ÉL TE ENSEÑARÁ A ORAR

Una vez, Jesús estaba orando en un lugar; cuando terminó, uno de sus discípulos le dijo: —Señor, enséñanos a orar, así como Juan enseñó a sus discípulos. Jesús les dijo: —Cuando oren, digan: «Padre, santificado sea tu nombre. Venga tu reino. Danos cada día el pan que necesitamos. Perdónanos nuestros pecados, porque también nosotros perdonamos a todos los que nos han hecho mal. No nos expongas a la tentación».

Lucas 11.1-4 DHH

Al igual que los discípulos, tú también puedes pedir a Dios que te enseñe a orar. No es que haya una fórmula o una manera correcta de orar, pero a veces necesitamos ayuda para crecer en nuestra oración porque no estamos seguras de cómo hacerlo.

Piensa en ello. ¿Sientes que tu vida de oración está estancada? ¿Te sientes atrapada en la misma rutina con él, sin saber cómo decir lo que realmente sientes? ¿Alguna vez te has aburrido de tus oraciones porque te parecen insulsas? Es cierto que el Espíritu Santo intercede por nosotros, pero tu vida de oración debe llenarte. Así que, si quieres hacer cambios positivos, pídele al Señor que te muestre cómo orar. Pídele que te enseñe formas renovadas de conectar con Él en oración.

Padre, ¿me ayudas a orar con más pasión y propósito? Dame inspiración. Dame creatividad. Abre mi mente para que pueda aprender nuevas formas de comunicarme contigo. En el nombre de Jesús, amén.

UNA VIDA CAMBIADA

Entonces Jesús le dijo: —Dichoso tú, Simón, hijo de Jonás, porque esto no lo conociste por medios humanos, sino porque te lo reveló mi Padre que está en el cielo. Y yo te digo que tú eres Pedro, y sobre esta piedra voy a construir mi iglesia; y ni siquiera el poder de la muerte podrá vencerla.

Mateo 16.17-18 dhh

Qué momento tan extraordinario para Pedro. Gracias a su fe, Jesús lo cambió en un instante. Tomó a un pescador y lo convirtió en discípulo. Y en ese momento, Él tomó a un discípulo y lo facultó para llevar una poderosa responsabilidad. Cuando el Señor revela su plan para tu vida, algo extraordinario sucede. Cuando Él te dice el propósito que tenía para ti al crearte, algo cambia en tu espíritu.

Se necesitan ojos y oídos espirituales entrenados en Dios para verle y oírle. Se necesita fe para reconocer su voz apacible y suave en un mundo bullicioso. Pero cuando dejas espacio para una relación con el Señor y se convierte en una prioridad, Él te llamará por tu nombre y te dirá quién eres. Y cambiará tu vida.

Padre, gracias por cómo me das poder para vivir una vida llena de fe. En el nombre de Jesús, amén.

EL CASO DE UNA VIDA LLENA DE FE

Qué aflicción les espera a mis hijos rebeldes —dice el Señor—. Ustedes hacen planes contrarios a los míos; hacen alianzas que no son dirigidas por mi Espíritu y de esa forma aumentan sus pecados.

Isaías 30.1 NTV

Qué buena razón para vivir una vida de fe. Una vida rebelde solo nos lleva en dirección contraria a Dios. No se trata de perfección, sino de vivir con propósito. Se trata de elegir ser obediente a lo que el Señor pide y tratar de seguir el camino de la justicia en lugar de buscar siempre satisfacer la carne. Este tipo de vida implica que tu corazón mira hacia Dios y que quieres agradarle con tu forma de vida. Quieres que tus acciones y tus palabras lleven a los demás al Padre que está en los cielos. Es una elección de amar al Señor con todo tu corazón, tu mente y tu vida.

¿En qué eres rebelde ahora mismo? ¿En qué estás tomando decisiones destructivas que no conducen a una vida recta? ¿Qué te impide activar tu fe y pedir ayuda a Dios? Amiga mía, Él sabe que todos necesitamos su fuerza para caminar en esta vida conforme a su propósito. Pídele lo que necesites.

Padre, no quiero ser rebelde. No quiero tomar malas decisiones. Quiero vivir una vida llena de fe y confianza en ti. ¿Me ayudas a vivir así? En el nombre de Jesús, amén.

ORAR POR SABIDURÍA

El sabio lo piensa dos veces y se aparta del mal,
pero el bruto es descarado y se mete de lleno.
PROVERBIOS 14.16 PDT

Ora por sabiduría. Cada día, pídele al Señor que te haga distinguir el camino correcto y el malo. Pídele discernimiento para distinguir entre lo bueno y lo no tan bueno y dile que te comprometes a buscar la verdad. En oración, activa tu fe entregando tus deseos, diciéndole a Dios que te guíe. Sé consciente de tus decisiones. Y amiga, cuando tengas la corazonada de que algo no va bien, ten el valor de apartarte de eso.

Parte de nuestro viaje consiste en aprender a ver a Dios moviéndose en nuestra vida. Tenemos que entrenar nuestros ojos y oídos en Él, y volvernos sensibles a su guía. Esa es una parte vital de madurar en la fe. Hoy, habla con Dios sobre los puntos en los que necesitas su sabiduría. Dile al Señor en qué necesitas discernimiento. Y pídele que te llene de verdad para que puedas evitar el exceso de confianza, que es pura necedad.

Padre, sé que he tomado muchas decisiones equivocadas que me han llevado por el mal camino. Confieso que a menudo confío en mi propia sabiduría en lugar de buscar la tuya. Mi relación contigo es importante para mí, y quiero que mis decisiones glorifiquen tu santo nombre. Por favor, ayúdame a ver la diferencia entre lo que está bien y lo que está mal. Por favor, dame sabiduría. En el nombre de Jesús, amén.

EN QUÉ PENSAR

... piensen en todo lo verdadero, en todo lo que es digno de respeto, en todo lo recto, en todo lo puro, en todo lo agradable, en todo lo que tiene buena fama. Piensen en toda clase de virtudes, en todo lo que merece alabanza. [...] y el Dios de paz estará con ustedes.

FILIPENSES 4.8-9 DHH

El Señor sabe cómo nuestras mentes pueden crear costumbres de maneras de pensar que nos llevan a resultados y finales horribles. Pensamos en todas las formas en que hemos fracasado... y las repetimos. Nos centramos en lo que nos asusta, convencidas de que va a acabar con nosotros. Albergamos inseguridades y la idea de que no estamos a la altura. Reproducimos conversaciones que nos recuerdan por qué elegimos no perdonar, que despiertan de nuevo la amargura y la ira. En resumen: todo eso disminuye nuestra fe.

Por eso Dios quiere que pensemos en cosas admirables, excelentes, verdaderas, santas, rectas, puras, agradables y dignas de alabanza. Deberíamos practicar estos pensamientos, es decir, regresar corriendo a ellos cuando empiecen a surgir las costumbres negativas de pensamiento. En fe, debemos elegir el contenido de nuestros pensamientos.

Padre, necesito tu ayuda con esto. A veces mi mente está tan fuera de control. Ayúdame a ser consciente de mis pensamientos para redirigirlos cuando sea necesario. En el nombre de Jesús, amén.

ERES CONOCIDA

Tú creaste las delicadas partes internas de mi cuerpo
y me entretejiste en el vientre de mi madre.
¡Gracias por hacerme tan maravillosamente complejo!
Tu fino trabajo es maravilloso, lo sé muy bien.
Salmos 139.13-14 NTV

Asombra darse cuenta de lo que dicen estos versículos: que Dios ha desempeñado un papel integral en tu creación. Él se encargó de todos los detalles. Le importas tanto al Señor que Él se involucró al cien por ciento contigo desde el principio. Él sabía exactamente quién quería que fueras y te hizo así. Dedica un momento a asimilar esto.

Así que, amiga, Él ha sido un Dios implicado en ti desde el principio, y eso debería reforzar tu confianza en quién puede ser Él para ti hoy. Debería dar vitalidad a tu fe en Él. Debería derribar toda barrera que te impida confiar plenamente en la mano de Dios en tu vida. Eres conocida y amada. Invítale a entrar en los detalles del día de hoy.

Padre, estoy tan agradecida de que conozcas cada detalle de mí. Qué maravilla que tú me entretejieras en el vientre de mi madre. Te tomaste el tiempo para crearme. ¡Que eso aumente mi fe y construya una hermosa relación de confianza en ti! En el nombre de Jesús, amén.

NECESITAMOS AYUDA

Todos ustedes deben estar listos para escuchar; en cambio deben ser lentos para hablar y para enojarse. Porque el hombre enojado no hace lo que es justo ante Dios. Así pues, despójense ustedes de toda impureza y de la maldad que tanto abunda, y acepten humildemente el mensaje que ha sido sembrado; pues ese mensaje tiene poder para salvarlos.

SANTIAGO 1.19-21 DHH

Si hemos de ser lentas para hablar y rápidas para escuchar, estaremos de acuerdo en que necesitamos la ayuda de Dios. Si Santiago está diciendo que la ira no debe ser nuestra primera respuesta ante situaciones hirientes y frustrantes, reconozcamos que eso es imposible sin el Señor. Nuestras intenciones pueden ser buenas, pero a veces nuestra humanidad se interpone en el camino. Puede que seamos increíbles, pero no tanto.

Por eso este pasaje continúa diciéndonos cuán desesperadamente necesitamos que Él se involucre en nuestra vida. Necesitamos que Dios nos ilumine con su Palabra para que podamos señalar a Él con nuestras palabras y acciones. Necesitamos activar nuestra fe para poder vivir y amar como es debido. Y al hacerlo, Dios nos dará la capacidad de dirigir con los oídos y no con la boca, y de mantener la ira en su sitio.

Padre, reconozco que necesito tu intervención. Simplemente no puedo practicar este pasaje de las Escrituras sin ti. Obra en mi corazón para que se mantenga enfocado en responder a los demás de la manera correcta. En el nombre de Jesús, amén.

CÓMO AMAR Y ORAR POR TUS ENEMIGOS

También han oído que se dijo: «Ama a tu prójimo y odia a tu enemigo». Pero yo les digo: Amen a sus enemigos, y oren por quienes los persiguen. Así ustedes serán hijos de su Padre que está en el cielo; pues él hace que su sol salga sobre malos y buenos, y manda la lluvia sobre justos e injustos.

Mateo 5.43-45 DHH

Santo cielo, qué pasaje tan difícil. ¿Por qué? Porque nos pide que hagamos algo que no es nada fácil. Va en contra de lo que nuestra carne quiere. Piensa en ello. Cuando alguien te hace daño, ¿tu primera respuesta es amarlo? Cuando acosan a tus hijos en el colegio, tu marido pierde el trabajo, estafan a tus padres ancianos o agreden a tu amiga, ¿quieres ir a abrazar a los agresores? Es fácil amar a personas adorables, pero es otra historia amar a los que no lo son y orar por ellos.

Solo podemos hacerlo por medio de la fe. Debemos pedir a Dios que nos permita ver a esas personas con sus ojos. Necesitamos que el Señor ponga amor en nuestro corazón por ellos. Tenemos que abrirnos intencionalmente a su transformación.

Padre, esto es difícil para mí. Necesito desesperadamente que cambies mi corazón para poner en práctica esto en mi vida. En el nombre de Jesús, amén.

DIOS AJUSTARÁ CUENTAS

Nunca hables de tomar venganza;
confía en el Señor, y él te hará triunfar.
PROVERBIOS 20.22 DHH

¿Alguna vez has disfrutado planeando una venganza? Seamos sinceras: hay situaciones y personas que nos han hecho mucho daño, y todas hemos acariciado ideas para devolvérselo. Tal vez practicamos una conversación en voz alta en la que nos defendíamos y decíamos lo que quisiéramos haber dicho. Tal vez ideamos formas de poner en marcha el tren de los cotilleos para que los demás sepan lo que realmente ocurrió. Está en nuestra naturaleza humana querer defendernos a nosotras y a nuestros seres queridos.

Pero así estamos aplastando nuestra fe en el Señor. Él deja claro en su Palabra que Él es el Juez y será el que ajuste las cuentas. Debemos elegir confiar en su tiempo y sus caminos. Y, sinceramente, a veces es una píldora difícil de tragar. Pide a Dios que te dé paciencia y te llene de paz. Pídele al Señor que tranquilice tu espíritu y calme tu corazón ansioso, creyendo que Él conoce perfectamente la situación y la resolverá.

Padre, confieso que quiero pelear. Quiero vengarme de los que me han hecho daño a mí o a algún ser querido. Quiero que se sepa la verdad y desacreditar a los demás. Quiero hacerles pagar. Por favor, haz crecer mi fe en ti, confiando en que tú ajustarás las cuentas. En el nombre de Jesús, amén.

EL LLAMADO AL AMOR, NO A LA CALUMNIA

Hermanos, no sigan hablando mal los unos de los otros. El que habla en contra de su hermano o quien juzga a su hermano está hablando en contra de la ley y está juzgando a la ley. Si tú juzgas a la ley, no estás siguiendo lo que ella dice y te conviertes en juez.

SANTIAGO 4.11 PDT

Puesto que Dios nos ha pedido, nos ha ordenado, que amemos a los demás, no podemos usar nuestras palabras contra ellos. Nuestros sentimientos hacia ellos deben ser siempre buenos. Deberíamos preocuparnos por proteger su reputación y su nombre. Y eso significa que también debemos acallar cualquier chisme que oigamos de otros.

El amor siempre protege. No guarda registro de los agravios. Siempre espera. Recuérdalo cuando sientas la tentación de hablar mal de alguien. Quizá obraron mal. Tal vez te hirieron y parece justo denunciarlos. Pero tu fe te dictará llevar esos pensamientos desagradables a Dios en lugar de a tu mejor amigo. Puedes decir todo lo que haya que decir, pero solo a Él. Él es la caja de resonancia perfecta que no solo trae paz a tu corazón, sino que también juzga cualquier maldad.

Padre, he quebrantado este mandato un millón de veces. Gracias por el perdón. ¿Podrías ayudarme a recordar que tú eres un lugar seguro donde compartir lo que hay en mi corazón? Eso me hace libre para honrar y respetar a los demás. En el nombre de Jesús, amén.

¿A QUIÉN SERVIRÁS?

Ningún siervo puede servir a dos patrones al mismo tiempo. Odiará a uno y amará al otro, o se dedicará a uno y despreciará al otro. Ustedes no pueden servir a Dios y a las riquezas al mismo tiempo.
LUCAS 16.13 PDT

Cada día, tienes una elección que tomar con respecto a tu fe. ¿Vas a servir a Dios o a tu carne? ¿Darás prioridad al tiempo con el Señor, o tus prioridades se centrarán en cosas mundanas? ¿Dedicarás tiempo a leer la Palabra de Dios, o encontrarás tus enseñanzas en las ofertas del mundo? ¿Elegirás una vida cristiana o seguirás las tendencias de la sociedad? Aunque en esas tendencias parece que invitan a dar respuestas claras, la cosa cambia cuando hay que vivirlas.

Hoy, declara tu lealtad a Dios por encima de todo. Dile que Él es digno de que le sirvas y cuéntale por qué lo eliges a Él. Confiésale dónde has confundido tus prioridades en el pasado. Y pide un aumento de fe para que tener una devoción leal a tu Padre del cielo.

Padre, gracias por tu paciencia conmigo. Confieso que he servido a otros en lugar de a ti, pero no quiero seguir haciéndolo. Dame el deseo de amarte por encima de todo. En el nombre de Jesús, amén.

BENDECIDA

Dios bendice a los que son humildes, porque heredarán toda la tierra. Dios bendice a los que tienen hambre y sed de justicia, porque serán saciados. Dios bendice a los compasivos, porque serán tratados con compasión. Dios bendice a los que tienen corazón puro, porque ellos verán a Dios. Dios bendice a los que procuran la paz, porque serán llamados hijos de Dios.

Mateo 5.5-9 NTV

Qué bello pasaje. Es muy alentador ver qué actitudes evocan específicamente una bendición, porque son muy diferentes de las que la sociedad califica como importantes. Y aún más, asegúrate de prestar especial atención al hecho de que las bendiciones llegan a quienes eligen las cosas correctas. No se trata de ser perfecta. Dios te pide que vivas con propósito y pasión.

Cuando eliges ser amable, procurar una vida justa, mostrar misericordia, o proponerte ser pura y tratar de vivir en paz siempre que sea posible, ocurren bendiciones extraordinarias. Vuelve atrás y relee para ver qué aporta cada opción. ¿Cuál es la que más te reafirma? ¿Cuál te supone un mayor reto? Luego habla con Dios sobre ello.

Padre, qué gran recordatorio de que la obediencia viene con una bendición. Gracias por recompensar las cosas que más importan en lugar de las que son de poco valor para el reino. Eres una bendición para mí. ¡Ayúdame a ser una bendición para otros! En el nombre de Jesús, amén.

EL CAUSANTE

¿De dónde vienen las guerras y las peleas entre ustedes? Pues de los malos deseos que siempre están luchando en su interior. Ustedes quieren algo, y no lo obtienen; matan, sienten envidia de alguna cosa, y como no la pueden conseguir, luchan y se hacen la guerra. No consiguen lo que quieren porque no se lo piden a Dios;

SANTIAGO 4.1-2 DHH

Cuando llegues a ser una mujer llena de fe, tu vida empezará a cambiar. Lo verás y lo sentirás, y será un estímulo para tu corazón. Tu atención empezará a cambiar de forma natural de estar centrada en ti misma a estarlo en los demás. Te encontrarás más dispuesta a compartir tu tiempo y tu tesoro con los necesitados. Y tu motivación serán las cosas del cielo más que las ofertas del mundo. Pero a menos que obres con intención para crecer en tu fe, estas cosas pueden desvanecerse.

Pídele al Señor que te impida volver a caer en las viejas costumbres. Pídele que siga agudizando tu fe y profundizando en tu confianza en Él. Pídele que mantenga tus ojos enfocados en Él en lugar de codiciar las ofrendas del mundo. E invítale a que quite esa parte de ti que quiere ser egoísta y la sustituya por un espíritu generoso.

Padre, digo sí y amén a amarte por encima de todo. Haz crecer mi fe para centrarme en ti y dejar atrás mi viejo yo. En el nombre de Jesús, amén.

VIVIR DE FORMA DIFERENTE

Dejen de estar tristes y enojados. No griten ni insulten a los demás. Dejen de hacer el mal. Por el contrario, sean buenos y compasivos los unos con los otros, y perdónense, así como Dios los perdonó a ustedes por medio de Cristo.

EFESIOS 4.31-32 TLA

Ten en cuenta que tu salvación no está conectada con tus obras. Eres salva solo por la fe, al creer que Jesús es el Hijo de Dios y que murió en la cruz por tus pecados. La Palabra es clara cuando dice que somos salvos por fe y no por obras. Que se asiente esta verdad en nuestros corazones.

Pero un resultado de la fe es el deseo de vivir y amar de otra manera. Es dejar las formas de obrar que tenías y abrazar las formas de Dios. Es una decisión intencionada de ver el mundo a través de la lente del amor y la gracia. ¿Cómo se llega a eso? Empieza por invertir tiempo en tu relación con el Señor. Ahí es donde comienza la transformación del corazón. Luego sigue eligiendo el camino de Dios —como lo que indica el versículo de hoy— cada vez que puedas.

Padre, me comprometo a crecer en mi relación contigo. Quiero que mis palabras y acciones apunten a ti en el cielo. Quiero que las personas noten la diferencia y pregunten para poder hablarles de ti. Estoy tan contenta de que me eligieras para ser tuya. En el nombre de Jesús, amén.

UNA NUEVA VIDA

No se mientan los unos a los otros, puesto que ya se han despojado de lo que antes eran y de las cosas que antes hacían, y se han revestido de la nueva naturaleza: la del nuevo hombre, que se va renovando a imagen de Dios, su Creador, para llegar a conocerlo plenamente.

Colosenses 3.9-10 DHH

Es tan fácil mentir, ¿verdad? Con demasiada frecuencia, se nos escapan mentiras de la lengua casi sin darnos cuenta. Solemos encontrar una forma de justificarlas, diciendo que no hacen daño a nadie. Tal vez mintamos para no tener que asistir a un acto aburrido o porque no queremos herir los sentimientos de alguien. Quizá mentimos porque eso sacará a un familiar de un compromiso no deseado. En cualquier caso, justificamos las mentiras y decidimos que Dios las ve bien.

Pero Pablo nos llama a algo superior. Nos recuerda que mentir, aunque creamos que es por una buena razón, forma parte de nuestro viejo yo. Y gracias a Jesús, tenemos la oportunidad única de dejar atrás ese viejo hábito para siempre. Podemos elegir permanecer en la verdad con confianza.

Padre, qué honor ser hecha nueva en ti. Gracias por no echarme en cara mi pasado y por cambiarlo por una vida nueva. ¡No lo daré por sentado! En el nombre de Jesús, amén.

PIDE LO QUE NECESITES

Jesús le dijo: —¿Qué quieres que haga por ti?
El ciego respondió: —Maestro, quiero ver de nuevo.
Jesús le dijo: —Puedes irte, tu fe te ha sanado.
Enseguida el hombre pudo ver y siguió a Jesús por el camino.
Marcos 10.51-52 PDT

¿Puedes imaginarte lo que sintió este hombre al recuperar la vista? Pasó de la oscuridad a la luz en un momento. Y fue su fe en Jesús lo que lo sanó. Simplemente eligió creer que el Señor tenía el poder y la capacidad de cambiar su vida. Y esa confianza hizo posible la sanidad.

Hay muchas partes de nosotras que necesitan sanidad. Puede tratarse de una dolencia física, como una enfermedad o un mal congénito. Puede ser una herida que sufrimos. Pero también necesitamos sanar la mente, sobre todo cuando nuestra vida mental está llena de cosas negativas. Necesitamos sanidad emocional. Piensa en los momentos de tu vida en que te has sentido carente de dignidad o poco amada, y en las cicatrices que han dejado en tu corazón. La verdad es que todas necesitamos que Jesús nos restaure. Y todo empieza con la fe.

Padre, me encanta que te preocupes tanto por mí como para sanar lo que está roto en mí. Necesito el tipo de restauración que solo tú puedes dar. Por favor, ¡escucha mi clamor por tu intervención en mi vida! En el nombre de Jesús, amén.

SIN PREJUICIOS

Hermanos míos, ustedes han confiado en nuestro poderoso Señor Jesucristo, así que no deben tratar a unas personas mejor que a otras.

SANTIAGO 2.1 TLA

Mientras estuvo en la tierra, Jesús predicó una y otra vez que nos amáramos los unos a los otros. Lo mandó y lo defendió. Nos dio la capacidad y ejemplos bellos y poderosos de lo que es amar a los que te rodean. Más aún, Jesús dio su vida en la cruz para demostrar el amor del Padre. Y Él murió por cada persona, sin prejuicios.

Vivamos y amemos de la misma manera. No hay lugar para elegir quién es digno de amor y respeto. Todos hemos pecado y estamos destituidos de la gloria de Dios. A sus ojos, no eres mejor que nadie y nadie es más favorecido por Dios que tú. Todos están en igualdad de condiciones. Y gracias a tu fe, tu corazón también puede estar lleno de amor por los demás. Pide al Señor que te permita ver a todos a través de sus ojos. Pídele compasión y empatía. Y pídele que quite de ti cualquier juicio que pueda persistir en tu corazón.

Padre, quiero ser un agente de amor en un mundo que daña a las personas. Dame un corazón abierto sin favoritismos, y ojos abiertos para ver siempre lo mejor de los que me rodean. En el nombre de Jesús, amén.

LA CONEXIÓN ENTRE NUESTRO CORAZÓN Y NUESTRAS PALABRAS

Si afirmas ser religioso pero no controlas tu lengua, te engañas a ti mismo y tu religión no vale nada.
SANTIAGO 1.26 NTV

Pocas cosas arruinarán tu testimonio tanto como una lengua sin control. No te equivoques. Tu manera de vivir predicará de una forma u otra, buena o no tan buena. Aunque Dios no espera que seas perfecta, probablemente otros sí lo esperen. Observan cómo vives y amas. Tal vez no sea justo, pero es la realidad.

Por eso Santiago escribió este pasaje de la Escritura. Es un poderoso recordatorio de que necesitamos que Dios transforme nuestro corazón porque nuestra lengua lo delata. Si estamos llenas de amor, hablaremos cosas agradables. Si estamos llenas de fe, se notará en nuestras palabras. Si estamos llenas de compasión, se hará evidente en cómo respondemos. Hay una conexión importante entre nuestro corazón y nuestras palabras, y debe servir de catalizador para profundizar en nuestra relación con el Señor.

Padre, ayúdame a priorizar mi tiempo devocional para poder llenarme de tu amor. Dame un corazón puro para que mis palabras lo reflejen. Amén.

LOS DEMÁS PRIMERO

No hagan nada por rivalidad o por orgullo, sino con humildad, y que cada uno considere a los demás como mejores que él mismo. Ninguno busque únicamente su propio bien, sino también el bien de los otros.

Filipenses 2.3-4 dhh

Es difícil dar prioridad a otros cuando estamos saturadas de mensajes que nos instan a lo contrario, que nos recuerdan que debemos cuidar primero de nosotras mismas. Nos animan a hacer lo que nos parezca bien para salir adelante. Y están prestos para darnos a conocer el gran valor de ser la número uno. Es muy diferente de las palabras de Pablo, ¿verdad? Y drásticamente distinto de cómo quiere Dios que vivamos.

Activemos nuestra fe eligiendo poner en práctica lo que el Señor quiere para la humanidad. ¿Cómo? Vive una vida honesta, sin manipulaciones ni intrigas para ascender. Disponte a ayudar a los demás a encontrar su lugar, aunque eso signifique que tú pierdes terreno. Confía en que Dios te promocionará en su momento, que tu ascenso personal no te impida centrarte en las necesidades de los demás. Cuando ponemos nuestro corazón en sintonía con el suyo, podemos confiar en que Él bendecirá nuestra obediencia de maneras maravillosas.

Padre, qué cambio de perspectiva. El egoísmo está tan arraigado en la sociedad que ya ni nos damos cuenta. Gracias por recordarnos que, en tu sistema, el último es el primero. Ayúdame a elegir eso en mi forma de vivir. En el nombre de Jesús, amén.

CREADA PARA VIVIR EN COMUNIDAD

Dios nos ha dado diferentes dones, según lo que él quiso dar a cada uno. Por lo tanto, si Dios nos ha dado el don de profecía, hablemos según la fe que tenemos; si nos ha dado el don de servir a otros, sirvámoslos bien. El que haya recibido el don de enseñar, que se dedique a la enseñanza...

Romanos 12.6-8 DHH

Fuiste creada para vivir en comunidad. Como todo el mundo. Cuando Dios nos creó a cada una, se tomó su tiempo para determinar los dones exactos que iba a preparar. Fue intencional y específico, asegurándose de que no todos recibieran los mismos talentos. Como revela el pasaje de hoy, cada una de nosotras está hecha de forma diferente, con y para un propósito. Porque Él sabía que cuando uniéramos nuestras fuerzas, la variedad de habilidades encajaría para formar una bella y poderosa comunidad de creyentes que promoverían la Palabra de Dios.

Por eso celebramos la diversidad de la familia de Dios. En lugar de intentar ser como otros, podemos descubrir los dones y contribuir a que crezcan juntas las raíces de la fe.

Padre, estoy muy agradecida por saber que soy una creación intencional llena de talentos que tú determinaste específicamente para mí. Eso me hace sentir muy amada por ti. ¿Me ayudas a encontrar los dones, abrazarlos y tener la confianza para compartirlos con los demás? En el nombre de Jesús, amén.

PRUEBA DE TU VALÍA

Cinco pajaritos valen sólo dos moneditas, pero no importa, porque Dios no se olvida de ninguno de ellos. Dios hasta les tiene contados a ustedes cada uno de sus cabellos; así que no tengan miedo, ustedes valen más que muchos pajaritos.

LUCAS 12.6-7 PDT

Deja que el peso de este pasaje cale hondo en tu interior. Vuelve a leerlo, en voz alta. Como mujeres, ¿no necesitamos este tipo de recordatorio casi a diario? La verdad es que no faltan personas y situaciones que se apresuran a restarnos valía. Todos los días hay muchas oportunidades para sentirnos faltas de dignidad. ¿Y no es propio de nuestro Padre amoroso querer que sepamos la verdad de lo que somos para Él?

Son palabras a las que aferrarnos cuando el mundo nos golpea duro. Es vital que creamos en nuestra bondad. Y la comprensión de cuánto nos ama Dios puede edificar mucho la fe. Háblale hoy al Señor de tus inseguridades. Cuéntale lo que te duele. Y pídele que llene tu corazón con su amor y aceptación hacia ti.

Padre, esta es una conversación dolorosa. Me vendría muy bien un recordatorio divino de mi valor y dignidad a tus ojos. En el nombre de Jesús, amén.

FIRMES EN LA FE

Finalmente el diablo lo llevó a un cerro muy alto, y mostrándole todos los países del mundo y la grandeza de ellos, le dijo:
—Yo te daré todo esto, si te arrodillas y me adoras.
Jesús le contestó:
—Vete, Satanás, porque la Escritura dice: «Adora al Señor tu Dios, y sírvele sólo a él».
MATEO 4.8-10 DHH

Tu fe importa, amiga. Es importante y poderosa, y el enemigo va a hacer todo lo que esté en su mano para que disminuya. Igual que lo intentó con Jesús, sabe qué decir para convencerte, pero sus promesas son vacías. Su objetivo es que vivas rota y derrotada, alejada de una relación con Dios. Incluso él sabe lo fundamental que es esa conexión para que te sientas fortalecida, alentada y empoderada, y quiere acabar con ella.

Pase lo que pase, mantén tu fe y confía en el Señor. Deja que Él construya tu confianza. Deja que Dios haga crecer tu coraje y tu determinación. Y cuando sientas que el enemigo comienza a susurrarte palabras de desaliento, ponte firme en tu autoridad como creyente y ordénale que se vaya, en el nombre de Jesús. Gracias a Él, tienes poder para hacerlo. Empuña la espada de la fe y mantente firme en el poder que Dios mismo te ha dado.

Padre, gracias por tantos beneficios que me da mi fe en tu poderoso nombre. En el nombre de Jesús, amén.

ÍNDICE DE TEXTOS BÍBLICOS

ANTIGUO TESTAMENTO

NUEVO TESTAMENTO